Das Festtagsbuch

2. Auflage 2004
© RUPERTI-Verlag Dr. Hanna Walther, Starnberg
Inhaber Harald Walther
Alle Rechte vorbehalten

Gesamtherstellung:
Druck- und Medienzentrum Gerlingen GmbH, Gerlingen
Rezepte: Alfons Schuhbeck
Texte: Dr. Hanna Walther
Titelbild: Friedrich Prölss, © Jochen Remmer, Artothek
Farbfotos: Francis Ray Hoff.
Satz: Roland Dietz, Starnberg

ISBN 3-923333-14-5

Das Festtagsbuch

Von
Alfons Schuhbeck

Rezepte entnommen aus dem Werk „Des Boarische Festtagsbuach",
ergänzt um 6 Pilz-Rezepte

Ruperti-Verlag, Starnberg

Vorwort

Diese Buchidee entstand an einem Heilig Abend, als ich im trauten Kreise meiner Familie beim Genuß erlesener Tafelfreuden erleben durfte, welche Höhen Feste erklimmen können, wenn das Feiern und das Essen und Trinken miteinander harmonieren.

Seine besondere Würze erhält dieses Buch durch die Kochrezepte des allbekannten Meisterkochs Alfons Schuhbeck, der die bairische Küche wie kein anderer repräsentiert. Er hat für dieses Buch achtundachtzig „leibgekochte" Rezepte zur Verfügung gestellt.

Bei der Verwirklichung dieses Werkes stand mir mein Vater von Anfang an mit Rat und Tat unermüdlich zur Seite, wofür ich ihm ein besonders herzliches „Vergelt's Gott" sage.

Bedanken möchte ich mich auch für die Überlassung von Bildmaterial bei Herrn Dr. Seemann; Hohenschäftlarn, Herrn Falkenberg; Schwabach, Frau Sonnleitner nebst Sohn; Puchheim. Ferner danke ich für Hilfestellung dem Bayrischen Landesverein für Heimatpflege e.V. München und dem Antiquariat Heinemann; Starnberg, für Freundesdienste und für engagierte Mithilfe Monika Reiter, Roland Dietz, Peter Schikbauer und Magret Schmitz.

Nun wünsche ich beim Nachkochen ausgesprochene Festtagsfreude.

Harald Walther

Inhaltsverzeichnis

Heilig Drei König

Rezepte
Drei-König-Kuchen
Pfefferschulter vom Reh
G'surtes Ripperl in Blätterteig mit Erbsen-Meerrettichpüree
Kletzencreme

Mit dem Besuch der Heiligen Drei Könige ist die Weihnachtszeit endgültig abgeschlossen. Auch heute noch kommen in vielen christlichen Familien die Heiligen Drei Könige ins Haus, um es auszuräuchern. Früher wurde ein glühendes Kohlenstück auf eine Kohlenschaufel gelegt, einige Weihrauchkörner darüber gestreut, und dann ging man durch alle Zimmer und die Viehställe. Gleichzeitig wurde alles mit Dreikönigswasser besprengt und an den Türstock schrieb man mit geweihter Kreide C + M + B (Caspar, Melchior und Baltasar) und die neue Jahreszahl. Anschließend gab es ein Festessen im Familienkreis.

Drei-König-Kuchen

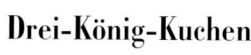

Zutaten:
250 g Butter
180 g Zucker
5 Eier
100 g gemahlene Haselnüsse
200 g Mehl
1 TL Backpulver
100 g Schokoraspeln
20 g kandierter Ingwer
1 getrocknete Bohne
150 ml Weißwein
1 geriebener Apfel
etwas Zitronenschale

Zubereitung:

Butter mit Zucker und Eiern schaumig rühren.

Haselnüsse im Ofen rösten, auskühlen lassen und mit Mehl, Backpulver, Schokolade, dem fein-gehackten Ingwer und der Bohne mischen.

Weißwein mit einem geriebenen Apfel verrühren und abwechselnd mit dem Mehlgemisch unter die Buttermasse rühren.

In eine gebutterte, gemehlte Guglhupfform füllen und bei 175° C 50 – 60 Minuten backen.

Mein persönlicher Tip:

Butter und Eier sollten die gleiche Temperatur haben.

Normalerweise wird der Kuchen mit Puderzucker bestäubt, man kann ihn aber auch mit Scho-koladenguß oder Zuckerguß überziehen. Die Bohne hat folgende Bewandnis: wer sie in seinem Kücherl findet, darf den weiteren Tagesablauf in der Familie bestimmen.

Drei-König-Kuchen

Pfefferschulter vom Reh

Zutaten:
1 Rehschulter
Salz, Pfeffer aus der Mühle
2 Gelbe Rüben, 1 Zwiebel
200 g Knollensellerie, 2 Knoblauchzehen, ganz
15 g schwarze Pfefferkörner, 1 dl Pflanzenöl
2 Thymianzweige, 1 Rosmarinzweig
5 Wacholderbeeren, 1 Lorbeerblatt
1 l Rotwein, 40 ml Rotweinessig
40 g Butterschmalz, Mehl
1 Prise Zucker, 1 EL Tomatenmark
4 cl Weinbrand
300 g Sahne, etwas Zitrone

Zubereitung:

Die Schulter am Gelenk vom Haxerl trennen und die Schulterknochen auslösen. Das Fleisch salzen, pfeffern, einrollen und verschnüren. Die Knochen sowie das Haxerl in nußgroße Stücke hacken.

Das Gemüse schälen und in 1 – 3 cm große Würfel schneiden. Die Pfefferkörner im Mörser grob zerstoßen, im Öl nicht zu heiß etwa 3 Minuten sieden lassen und auf ein Sieb gießen.

Pfeffer, Gemüse, Knochen, die gerollte Schulter sowie Gewürze und Kräuter in eine Schüssel legen und mit Rotwein und Rotweinessig übergießen. Mit Folie bedeckt 1 – 2 Tage marinieren.

Die Marinade abgießen und bei Seite stellen. Die Knochen und das Fleisch trockentupfen. Das Gemüse gut abtropfen lassen. Butterschmalz in einem Topf erhitzen und die leichtmehlierten Knochen darin nicht zu scharf anbraten. Rundherum eine schöne Röstfarbe nehmen lassen. Dann Gemüse, Kräuter und Gewürze aus der Marinade dazugeben und einige Minuten mitbraten. Zucker einstreuen, Tomatenmark einrühren, kurz mitrösten, mit Weinbrand ablöschen und mit der Marinade auffüllen. Einmal aufkochen und den dabei entstehenden Schaum abschöpfen. Die Schulter einlegen und im offenen Topf unter gelegentlichem Wenden etwa 90 Minuten bei 160° C im vorgeheizten Rohr schmoren lassen und dabei immer wieder mit der Schmorflüssigkeit begießen.

Die Schulter herausnehmen, das Garn entfernen, in Scheiben schneiden und in eine feuerfeste Form legen. Die Soße mit Knochen und Gemüse auf ein Sieb schütten, mit einer Schöpfkelle passieren, in einem Topf nochmals erhitzen und mit der Sahne verfeinern. Mit Salz und einem Spritzer Zitronensaft abschmecken und über des Fleisch gießen.

Mein persönlicher Tip:

Den gestoßenen Pfeffer leicht zu fritieren hat den Zweck, die Schärfe etwas zu mildern und den Geschmack zu verfeinern.

G'surtes Ripperl in Blätterteig mit Erbsen-Meerettichpüree

Zutaten für G'surtes Ripperl:
4 Kassler Ripperl in Scheiben zerteilt
1 gelbe Rübe, 50 g Knollensellerie
½ kleine Zucchini
350 g Kalbsbrät
50 ml Sahne
Salz
Pfeffer aus der Mühle
400g Blätterteig
1 Eigelb, 3 EL Sahne

Zutaten für Erbsen-Meerrettichpüree:
½ Zwiebel
Öl
Salz, Zucker,
300 g Erbsen
200 ml kräftige Gemüsebrühe
Pfeffer aus der Mühle, Muskat
etwas frisch geriebener Meerrettich
etwas Zitrone
2 EL geschlagene Sahne

Zubereitung:

Gelbe Rübe und Knollensellerie schälen und mit der gewaschenen Zucchini in kleine Würfel schneiden. In Salzwasser bißfest kochen, in Eiswasser abschrecken, auf einem Durchschlag abschütten und auf einem Tuch ausgebreitet tropfen lassen.

Kalbsbrät mit Sahne verrühren, die Gemüsewürfelchen dazugeben und mit Salz und Pfeffer nachschmecken. Den Blätterteig ausrollen und in vier gleich große Teile schneiden. Den Blätterteig mit Brät bestreichen und rundherum einen 1 cm breiten Rand lassen. Die Ripperl auf die Blätterteigplatten legen, damit umhüllen und die Ränder gut festdrücken. Mit den Rändern nach unten auf ein Blech mit Backpapier setzen. Das Eigelb mit 3 EL Sahne verrühren, die mit Blätterteig ummantelten Ripperl damit bestreichen und im vorgeheizten Ofen bei 200° C ca. 20 Minuten backen.

Für das Püree die halbe Zwiebel fein würfeln, in Öl glasig dünsten, mit einer Prise Salz und Zucker würzen. Die Erbsen dazugeben, etwas mitdünsten, dann mit der Gemüsebrühe auffüllen. Etwa 15 Minuten köcheln lassen, mit Pfeffer und Muskat würzen und kräftig mixen. Durch ein Sieb in einen Topf streichen und nochmals erhitzen. Mit Meerrettich und einem Spritzer Zitrone abschmecken, zuletzt die Sahne unterziehen.

Die Ripperl in Blätterteig mit Erbsen-Meerrettichpüree servieren

Mein persönlicher Tip:

Im Herbst kann die Kalbfleischfarce durch Pilze ersctzt werden. Hierfür werden die geputzten Pilze feingeschnitten, scharf angebraten und mit Salz, Pfeffer und Thymian gewürzt. Dazu serviere ich gern einen frischen mit Honig und Chili gewürzten Krautsalat.

Den Meerrettich immer erst zum Schluß untermischen, da er sonst bitter wird.

Kletzencreme

Zutaten:
50 g Kletzen (getrocknete Birnen)
100 ml Wasser
¼ Vanilleschote
1 Msp. Zimtpulver
2 EL Rum
2 Blatt Gelatine
1 Eigelb
25 g Zucker
150 ml Sahne

Zubereitung:

Die Kletzen in Würfel schneiden. Mit Wasser, dem Mark der Vanilleschote und Zimt einmal kurz aufkochen, Rum hinzufügen und mindestens eine halbe Stunde ziehen lassen.

Die Kletzen auf ein Sieb geben, dabei den Einlegefond auffangen und den Saft bis auf eine Menge von ca. 2 Eßlöffeln einreduzieren lassen. Die in Wasser eingeweichte und ausgedrückte Gelatine darin auflösen und die Kletzen hinzufügen.

Das Eigelb mit dem Zucker schaumig schlagen und in das Kletzen-Gelatinegemisch rühren. Die Sahne schaumig schlagen und unter die ausgekühlte Eigelbmasse heben. In Förmchen verteilen und kalt stellen.

Mein persönlicher Tip:

Dazu passt hervorragend eine leichte Nougatsoße und als Garnitur ein paar geröstete Mandelsplitter.

Birnenblüte

Lichtmeß

Rezepte
Fleckerlschmarren mit Apfel-Birnenkompott
Mit Nelken gespickter Krustenbraten mit Schmorgemüse
Schwarzbrotscheiterhaufen mit Kirschen
Reiscreme auf Preiselbeersahne

Früher war Lichtmeß ein bedeutender Feiertag – für die Dienstboten gar der wichtigste Tag in ihrem Arbeitsleben. Nur an Lichtmeß konnten die Knechte und Mägde ihre Stellung wechseln, wurden ausbezahlt, bekamen ihre Zeugnisse und hatten bis zum 5. Februar Zeit, ihre Siebensachen zu packen.

Nach diesem Entscheidungstag bekamen sie 6 Tage frei, um entweder nach einer neuen Stellung Ausschau zu halten oder ihre Verwandten zu besuchen. Diese Zeit nannte man die „Schlenkeltage"! Die pfiffigen Wirte der Dorfgasthöfe nutzten den Übermut der fröhlichen Knechtschaft und veranstalteten zünftige „Lichtmeßbälle", auf denen dann gut gegessen, viel getrunken und getanzt wurde. Auch auf den Höfen wurden die Dienstleut besonders gut bewirtet, nicht zuletzt um den Neuen zu zeigen, was auf den Tisch kommt.

Fleckerlschmarren mit Apfel-Birnenkompott

Zutaten für Fleckerlschmarren:
200 g Mehl
100 g Hartweizengrieß
1 Ei, 3 Eigelb
2 EL Öl
1 Prise Salz
Mehl zum Ausrollen
1 Schuß Öl zum Kochen
40 g Butter
50 g Zucker
4 EL Kuchenbrösel bzw. Butterkeksbrösel
1 Messerspitze Zimt

Zutaten für Apfel-Birnenkompott:
2 kleine Äpfel, 2 kleine Birnen
75 g Zucker
0,2 l Weißwein, ¼ l Wasser
1 Vanilleschote
1 TL Stärkepulver
1 Schuß Rum

Zubereitung:

Aus Mehl, Grieß, Ei, Eigelb, Öl und Salz einen glatten Nudelteig herstellen. Den Teig mit Frischhaltefolie abdecken und etwa 1 Stunde kaltstellen.

Den Teig mit dem Nudelholz oder der Nudelmaschine etwa 2 mm dick ausrollen, dabei mit Mehl bestäuben. Dann in 3 x 3 cm große Fleckerl schneiden. Salzwasser mit einem Schuß Öl aufkochen. Die Fleckerl auf Biß 3 – 4 Minuten kochen und durch ein Sieb abgießen. Die Butter in einer Pfanne erhitzen, die Fleckerl darin leicht anbräunen und mit dem Zucker karamelisieren. Mit Kuchenbrösel und Zimt bestreuen und noch einmal durchschwenken.

Äpfel und Birnen schälen, das Kerngehäuse entfernen, und in schmale Spalten schneiden. In einem Topf die Hälfte des Zuckers vorsichtig zu Karamel schmelzen, die Apfel und Birnenspalten kurz darin schwenken, mit dem Weißwein ablöschen, mit Wasser aufgießen, den Rest des Zuckers und die Vanilleschote hinzufügen. Nicht länger als 15 Sekunden kochen lassen, Topf vom Feuer wegnehmen, ein Stück Pergamentpapier direkt auf das Kompott legen und so auskühlen lassen.

Die Hälfte der Flüssigkeit in einen Topf geben und mit einem schwach gehäuften Teelöffel Stärkepulver 1 Minute leise verkochen, vom Herd nehmen, mit dem Rest der Flüssigkeit aufgießen und anschließend durch ein Sieb zu den Kompottfrüchten zurückgeben. Mit einem Schuß Rum kann man das Ganze noch abrunden.

Den Fleckerlschmarren mit dem warmen Kompott servieren.

Mein persönlicher Tip:

Es ist schon ein wenig Arbeit, sich die Nudelfleckerl selbst herzustellen. Einfacher ist es, fertige Nudeln zu kaufen. Falls Sie keine Fleckerl bekommen, nehmen Sie Schmetterlingsnudeln.

Mit Nelken gespickter Krustenbraten mit Schmorgemüse und Knödel im Kartoffelmantel

Zutaten für Krustenbraten:
1 gepökelte Schweineschulter von etwa 1 – 1,5 kg
1 Zwiebel
Pfeffer aus der Mühle
2 Gelbe Rüben
250 g Knollensellerie
100 ml Wasser
ganze Gewürznelken

Zutaten: Knödel im Kartoffelmantel
500 g gekochte, geschälte Kartoffeln
30 g flüssige Butter, 1 Ei
Salz, Pfeffer aus der Mühle
1 Prise Muskat
400 g rohe, geschälte Kartoffeln
1 Eiweiß
1 Zweig Petersilie

Zubereitung:

Die Schwarte über Kreuz einschneiden. Die Zwiebel schälen, in Ringe schneiden, in eine Bratreine geben und die Schulter, leicht gepfeffert, mit der Schwarte nach oben darauflegen.

Gelbe Rüben und Sellerie schälen, in 1 – 2 cm große Würfel schneiden und in der Reine verteilen. Das Wasser angießen und bei 160° C für etwa 2 Stunden in den vorgeheizten Ofen schieben. Die Schwarte sollte dabei kroß, aber nicht zu dunkel werden. Nach einer halben Stunde je eine Nelke in ein Schnittkreuz der Schwarte spicken und häufig mit etwas Bratensaft begießen.

Bei der Zubereitung der Knödel werden die gekochten Kartoffeln kalt durch die Presse gedrückt. Mit der Butter und dem Ei zu einem glatten Teig verarbeiten. Mit etwas Salz, Pfeffer aus der Mühle und einer Prise Muskat abschmecken. Daraus kleine Knödel von etwa 25 – 30 g drehen und kurz stehen lassen.

Die rohen Kartoffeln in feine Streifen schneiden oder hobeln. Mit den Händen das Wasser ausdrücken. Damit sie nicht mehr nachnässen, die Kartoffelspäne leicht salzen, etwa drei Minuten stehen lassen und durch ein Tuch kräftig ausdrücken, so daß die Späne möglichst trocken sind. Das Eiweiß dazugeben und mit Salz und Muskat würzen.

Die Knödel mit den rohen Kartoffelraspeln einwickeln und auf Küchenpapier ablegen, damit eventuell noch austretende Flüssigkeit aufgesaugt wird. Nicht länger als eine halbe Stunde stehen lassen. Bei 170° C fritieren und anrichten.

Mit Nelken gespickter Krustenbraten mit Schmorgemüse und Knödel im Kartoffelmantel

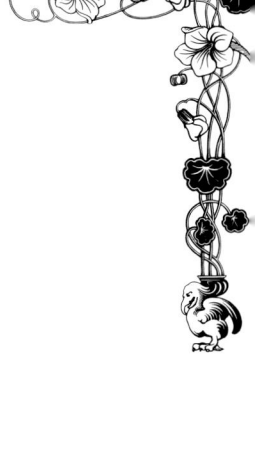

Kartoffelpflanze

Den fertigen Braten in Scheiben schneiden und mit dem warmen Schmorgemüse und den goldbraun glänzenden Knödeln anrichten. Die feingeschnittene Petersilie über das Gemüse streuen.

Mein persönlicher Tip:

Wenn Sie die gepökelte Schweineschulter beim Metzger kaufen, kochen Sie sie am besten vor der Zubereitung eine halbe Stunde in Wasser, damit der Braten nicht zu salzig wird.

Die Knödel sollten Sie nur mit mehligen Spätkartoffeln zubereiten, da nur diese ausreichend stärkehaltig sind.

Schwarzbrotscheiterhaufen mit Kirschen

Zutaten:
250 g Roggenmischbrot, entrindet
300 ml Milch
1 TL Vanillezucker
abgeriebene Schale von ½ Orange
50 g Zartbitterschokolade
3 Eigelb
4 cl Rum
3 Eiweiß
30 g Zucker
Butter für die Form
200 g eingelegte, abgetropfte Kirschen
2 Eiweiß
60 g Zucker
Puderzucker zum Bestäuben

Zubereitung:

Das Brot in kleine Würfel schneiden. Milch mit Vanillezucker und Orangenschale einmal aufkochen und vom Feuer nehmen. Die Schokolade darin auflösen und das Eigelb und den Rum hineinrühren. Das Eiweiß mit dem Zucker cremig schlagen.

Orangenschale aus der Schokoladenmilch nehmen, mit dem Brot vermengen und das Eiweiß unterziehen. Abwechselnd mit den Kirschen in eine gebutterte Auflaufform füllen und im vorgeheizten Backofen bei 220° C ca. eine halbe Stunde backen.

Das Eiweiß mit dem Zucker steif schlagen und auf dem Auflauf verteilen. Mit Puderzucker bestreuen und erneut für einige Minuten in den Ofen schieben, bis er eine goldbraune Farbe angenommen hat.

Mein persönlicher Tip:

Für dieses Gericht bevorzuge ich – nicht nur wegen der guten Resteverwertung, sondern auch wegen der höheren Saugfähigkeit – Brot, das schon einige Tage alt ist. Auch altbackenes Hefegebäck eignet sich sehr gut, allerdings sollten Sie dann den Zuckeranteil im Rezept etwas reduzieren.

Reiscreme auf Preiselbeersahne

Zutaten für Reiscreme:
200 ml Milch
30 g Zucker
Mark einer ½ Vanilleschote
1 Stück Zitronenschale
1 Prise Salz
50 g Milchreis
1 kleiner Apfel
1,5 Blatt Gelatine
1 Eiweiß
1 EL in Rum eingelegte Rosinen
50 g geschlagene Sahne

Zutaten für Preiselbeersahne:
150 ml Sahne
1 EL Zucker
100 ml Preiselbeersaft
(am besten von eingelegten Preiselbeeren)

Zubereitung:

Die Milch mit ⅓ des Zuckers, dem Mark der Vanilleschote, der Zitronenschale und einer Prise Salz einmal aufkochen lassen.Den Milchreis einrühren, zudecken und für etwa 15 – 20 Minuten im 200° C heißen Backofen ausquellen lassen.

Den Apfel schälen, entkernen und in kleine Würfel schneiden. Kurz vor Ende der Garzeit zum Reis geben. Zitronenschale entfernen. Die Gelatine in kaltem Wasser einweichen und ausgedrückt im heißen Reis auflösen. Das Eiweiß mit dem restlichen Zucker schaumig schlagen und unter den warmen Reis ziehen. Abkühlen lassen und die Rosinen sowie die Sahne unterziehen.

Die Masse in Portionsförmchen füllen und für einige Stunden in den Kühlschrank stellen. In der Zwischenzeit Sahne mit Zucker halbfest schlagen und mit dem Preiselbeersaft mischen. Die Cremen auf Teller stürzen und mit Preiselbeersahne servieren.

Mein persönlicher Tip:

Diese Creme läßt sich gut variieren, z.B. statt des Apfels bißfest gekochte Rhabarberwürfel oder Birnen. Zu der Rhabarberversion harmoniert am besten eine Erdbeersoße.

Fastenzeit

Rezepte
Käsesuppe mit Brezenwürfeln
Hechtenkraut
Rahmsülze von geräucherter Lachsforelle
Dampfnudeln

Käsesuppe mit Brezenwürfeln

Zutaten:
½ Knoblauchzehe
1 Zwiebel
30 g Butter
1 EL Mehl
1 Schuß Weißwein
0,5 l Vollmilch
¼ l kräftige Gemüsebrühe
500 g geriebener Bergkäse
Salz, Pfeffer, Muskat
2 Brezen
20 – 30 g Butter
1 kleine Zwiebel
20 g Butter

Zubereitung:

Knoblauch schälen und hacken, die geschälte Zwiebel in feine Würfel schneiden und beides in etwas Butter glasig dünsten. Mit einem Eßlöffel Mehl bestäuben und noch etwa 1 – 2 Minuten weitergaren. Mit einem Schuß Weißwein ablöschen und mit Milch und Brühe aufgießen.

Kurz kochen lassen und aufmixen. Durch ein Sieb in einen Topf passieren und auf kleiner Flamme mit dem geriebenen Käse unter häufigem Rühren nochmals erhitzen, aber nicht kochen. Mit Salz, Pfeffer und Muskat abschmecken. Kurz vor dem Servieren noch einmal mixen.

Von den Brezen das Salz entfernen, anschließend Brezen in Würfel schneiden und in schäumender Butter kroß braten. Die Zwiebel schälen, halbieren und in feine Streifen schneiden. In schäumender Butter goldbraun rösten.

Die Suppe in eine Terrine geben und die gerösteten Zwiebeln und die Brezenwürfel dazu servieren.

Mein persönlicher Tip:

Sollte die Suppe aus Versehen aufkochen und dabei aufflocken, nochmals kräftig durchmixen. Häufig bindet sie so wieder.

Hechtenkraut

Zutaten:
400 g fertiges Sauerkraut
400 g am Vortag gekochte Kartoffeln
500 g Hechtfleisch ohne Gräten
½ Zwiebel
30 g Butter
1 Prise Zucker
0,2 l Weißwein
40 g Mehl
⅛ l Sahne
½ l Sauerrahm
1 Nelke
1 Lorbeerblatt
Salz,Cayenne, Muskat
50 g geschlagene Sahne

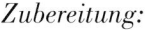

Zubereitung:

Sauerkraut auf einem Sieb abtropfen lassen. Kartoffeln in ½ cm und das Hechtfleisch in 1 cm dicke Scheiben schneiden. Die Zwiebel schälen und in kleine Würfel schneiden. Butter in einem kleinen Topf schmelzen, die Zwiebelwürfel darin anschwitzen, mit einer Prise Zucker glasieren, mit Weißwein ablöschen und dicklich einkochen lassen.

Das Mehl hineinrühren, die Sahne mit dem Sauerrahm mischen und die Hälfte davon mit der Mehlschwitze sämig einkochen, den Rest aufheben. Die Nelke und das Lorbeerblatt hinzufügen und mindestens 10 Minuten unter häufigem Rühren weiter köcheln lassen. Durch ein Sieb passieren und mit Salz, Cayenne und Muskat abschmecken.

Ein Viertel von der Soße mit dem Sauerkraut vermischen. Ein Drittel vom Sauerkraut in einer gebutterten Auflaufform verteilen, ein Drittel der Kartoffelscheiben auflegen und die Hälfte der Hechtscheiben darauf verteilen. Ein Viertel der Soße über den Hecht gießen. In gleicher Weise eine weitere Schicht auflegen. Das restliche Sauerkraut auf dem Hecht verteilen und darauf die restlichen Kartoffelscheiben dachziegelartig anrichten.

Die geschlagene Sahne in die restliche Sauerrahmsoße rühren und über die Kartoffeln verteilen. Im vorgeheizten Ofen bei 180° C 30 Minuten backen.

Mein persönlicher Tip:

Das Hechtenkraut eignet sich nicht nur als herzhaftes Abendessen für die ganze Familie. In Portionsförmchen gefüllt, läßt es sich wunderbar als Vorspeise für ein festliches Menü vorbereiten.

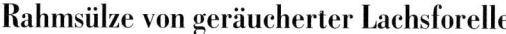

Rahmsülze von geräucherter Lachsforelle

Zutaten: (für etwa 12 Personen)
600 g geräucherte Lachsforelle
600 ml Sülzenstand (600 ml Gemüsebrühe und 8 Blatt Gelatine)
je 2 gehäufte EL feine Gelbe Rüben- und Zucchiniwürfel
200 ml Schlagsahne
½ Zitrone
Cayenne
Salz
1 größere Terrinenform von etwa 1 l Fassungsvermögen
1 kleinere Terrinenform, in der gleichen Länge,
von etwa 0,5 l Fassungsvermögen

Zubereitung:

Für den Sülzenstand die Gemüsebrühe erwärmen und die eingeweichte, ausgedrückte Gelatine darin auflösen.

Die Lachsforellen entgräten und häuten. Die Haut zum Aromatisieren in den heißen Sülzenstand geben, 30 Minuten darin ziehen lassen und anschließend wieder entfernen. Die Hälfte des Fischfleisches in Würfel schneiden. Die Gemüsewürfel in Salzwasser bißfest kochen, in Eiswasser abschrecken und abtropfen lassen.

350 ml Sülzenstand auf Eiswasser stellen und mit einem Kochlöffel beständig, aber langsam rühren, bis er anfängt, zu gelieren. Die Fischwürfel und das Gemüse jetzt vorsichtig ins Gelee rühren und in die kleine Form füllen. Im Kühlschrank fest werden lassen.

Die andere Hälfte des Fischfleisches mit 250 ml Sülzenstand im Mixer pürieren und passieren. Die steifgeschlagene Sahne unterziehen. Mit etwas Zitronensaft, Cayenne und Salz abschmecken. In die große Form etwa 1 cm hoch von dieser Rahmsülze füllen und im Kühlschrank erstarren lassen. Den Rest bei Zimmertemperatur stehen lassen.

Die klare Sülze aus der Form stürzen und mit der Rundung nach unten in die große Form auf das feste Mus legen. Die restliche Rahmsülze in einen Dressierbeutel mit Lochtülle füllen. Seiten und Oberfläche damit auffüllen und glattstreichen. Für mindestens zwei Stunden in den Kühlschrank stellen.

Die Sülze vor dem Servieren am besten mit einem Elektromesser in entsprechende Scheiben schneiden.

Anmerkung:

Früher wurde im Winter vorzugsweise Rahmsülze und im Sommer klare Sülze serviert.

Rahmsülze von geräucherter Lachsforelle

Dampfnudeln

Zutaten für Dampfnudeln:
500 g Mehl
25 g Hefe
¼ l Milch
3 El Zucker
2 Eier
80 g Butter
1 Prise Salz

Zutaten zum Garen:
¼ l Milch
20 g Butter
1 El Zucker

Zubereitung:

Das Mehl in eine Schüssel sieben, in die Mitte eine Mulde drücken und die Hefe hineinbröckeln. Die Hälfte der Milch langsam hinzufügen und einen Eßlöffel Zucker einstreuen. Mit etwas Mehl aus der Schüssel zu einem zähflüssigen Teig verrühren, mit einem Tuch zudecken und an einem warmen Ort etwa 15 – 20 Minuten gehen lassen.

Die restliche Milch mit den Eiern und dem Salz verquirlen und mit dem Teig und dem Mehl verkneten. Zuletzt die weiche Butter hinzufügen und zu einem glatten, elastischen Teig verarbeiten. Der Teig sollte sich vom Schüsselrand lösen. An einem warmen Ort zugedeckt nochmals etwa 30 Minuten gehen lassen, bis der Teig das doppelte Volumen angenommen hat.

Eine Tischplatte mit Mehl bestäuben und den Teig darauf noch einmal kurz durchkneten. Gleichmäßige, golfballgroße Stücke abnehmen und zu glatten Kugeln formen. In einem flachen Topf (etwa 30 cm Ø) lauwarme Milch, Butter und Zucker erwärmen und die Teigkugeln hineinsetzen. Nochmals 20 Minuten gehen lassen.

Den Backofen auf 170° C vorheizen, den geschlossenen Topf hineinschieben und die Dampfnudeln etwa 45 Minuten backen.

Gemeiner Weizen

Mein persönlicher Tip

Damit die Dampfnudeln richtig locker aufgehen, muß sich beim Backen genügend Dampf aus dem Milchgemisch am Topfboden entwickeln können. Achten Sie deshalb darauf, daß der Topfdeckel gut schließt und kein Dampf entweicht.

Gründonnerstag

Rezepte
Grüne Krapferl
Gemüse-Liwanzen mit Brennessel-Rahmspinat
Lauch-Birnenkuchen mit Blauschimmelkäse
Gebratene Salzburger Nockerl mit eingemachten Moosbeeren

Grün leitet sich vom althochdeutschen Wort „greinen" – was soviel bedeutet wie weinen – ab. Hier findet sich also ein Hinweis auf die beginnenden drei traurigen Tage. Die vielen grünen Gerichte, die taditionell am Gründonnerstag auf den Tisch kommen, sind aber dennoch Zeichen der Freude über die ersten frischen Kräuter, die man nun, wenn auch spärlich, ernten kann. Heil- und segenbringende Wirkung schrieb man den zahlreichen grünen Gerichten zu.

Grüne Krapferl

Zutaten (für 4 Personen):
200 g Mehl
100 g Hartweizengrieß
2 Ei, 2 Eigelb
2 EL Öl
Salz
150 g gekochte, geschälte Kartoffeln
700 g Spinat
100 g Topfen
Pfeffer aus der Mühle, Muskat
100 g Butter
1 weiße Zwiebel

Zubereitung:

Mehl, Grieß, Ei, Eigelb, Öl und Salz mischen und mit den Händen zu einem Teig verkneten. Es dauert mindestens 10 Minuten, bis er weich, elastisch und glänzend ist. Den Teig in Frischhaltefolie etwa 1 Stunde ruhen lassen.

Die Kartoffeln durch die Presse drücken. Den Spinat blanchieren, in Eiswasser abschrecken, kräftig ausdrücken, fein hacken und mit Topfen und Kartoffelschnee mischen. Mit Salz, Pfeffer und Muskat abschmecken.

Mit dem Nudelholz oder der Nudelmaschine den Teig ca. 1 mm dünn ausrollen, dabei mit Mehl bestäuben. Mit etwas Wasser bestreichen und auf eine Hälfte des Teiges mit einem Teelöffel kleine Häufchen von der Spinatmasse so aufsetzen, daß zwischen den einzelnen Häufchen 5 – 6 cm Zwischenraum bleibt. Die zweite Teighälfte faltenfrei darüber legen und die Zwischenräume andrücken. Mit einem passenden Ausstecher oder einem Wasserglas ausstechen und den Teigrand nochmals rundherum andrücken, so daß eine schöne Wölbung der Fülle erhalten bleibt.

Die Butter in einem kleinen Topf solange erhitzen, bis sie sich bräunlich färbt und nussig riecht. In ein Sieb ein Blatt Küchenkrepp legen und hierdurch die Butter abgießen. Die Zwiebel schälen, in Streifen schneiden und in einem Teil der Butter braun rösten.

Die grünen Krapferl in genügend Salzwasser kochen bis sie bißfest sind, abschrecken, in der restlichen Nußbutter schwenken und mit den Röstzwiebeln in einem tiefen Teller anrichten.

Mein persönlicher Tip:

Die Krapferl schmecken vorzüglich zu Kraut, einem Salat oder als Einlage in einer klaren Fleischsuppe.

Grüne Krapferl

31

Gemüse-Liwanzen mit Brennessel-Rahmspinat

Zutaten für Gemüse-Liwanzen:
375 g griffiges Mehl
20 g Hefe
½ l Milch
1 Prise Zucker
150 g Gemüsewürfelchen
aus einer Gelben Rübe,
Knollensellerie und Zucchini
1 TL Salz
2 Eier
60 g weiche Butter, Pflanzenöl

Zutaten für Brennessel-Rahmspinat:
300 g Spinatblätter
300 g Brennesselblätter
½ kleine Zwiebel
2 EL Pflanzenöl
150 ml kräftige Gemüsebrühe
150 ml Sahne
Salz, frisch geriebenes Muskat

Zubereitung:

Das Mehl in eine Schüssel geben. In die Mitte eine Mulde drücken und die Hefe hineinbröckeln. Mit etwas warmer Milch und 1 Prise Zucker zu einem zähflüssigen Vorteig verrühren. Mit etwas Mehl bestäubt und mit einem Tuch bedeckt an einem warmen Ort 20 Minuten gehen lassen.

Die feinen Gemüsewürfel in Salzwasser bißfest kochen, in Eiswasser abschrecken, auf einem Sieb abtropfen lassen und in einem Tuch ausdrücken. Mit dem Salz, den Eiern, der weichen Butter und der restlichen Milch zum Vorteig geben und mit einem Holzlöffel kräftig zu einem glatten Teig schlagen. Abgedeckt erneut etwa 45 Minuten gehen lassen.

Etwas Öl in einer Pfanne erhitzen. Mit einem Eßlöffel kleine Teiglinge abstechen und in die Pfanne setzen. Auf eine schöne Pflanzerlform achten. Auf beiden Seiten Farbe nehmen lassen und noch für einige Minuten in den 180° C heißen Ofen schieben.

Den Spinat und die Brennesselblätter von den Stielen zupfen, in Salzwasser kurz abkochen, abgießen und in Eiswasser abschrecken, das Wasser ausdrücken und kleinschneiden. Die Zwiebel schälen, in feine Würfel schneiden und in Öl glasig dünsten. Die Brühe angießen, reduzieren und den Spinat dazugeben. Die Sahne hineinrühren und in etwa 3 – 4 Minuten dicklich eingekochen lassen. Mit Salz und frisch geriebenem Muskat abschmecken und mit dem Stabmixer pürieren.

Gemüse-Liwanzen mit Brennessel-Rahmspinat servieren.

Mein persönlicher Tip:

Ich mache Liwanzen auch gerne als Süßspeise. Das Blattgemüse wird dabei durch etwas Vanillemark, ein wenig abgeriebene Zitronenschale und einen Schuß Rum ersetzt, das Salz auf eine Prise reduziert.

Lauch-Birnenkuchen mit Blauschimmelkäse

Zutaten für Teig:
150 g Mehl
60 g Butter
2 Eigelb
1 Prise Salz

Zutaten für Fülle:
1 Stange Lauch, 2 Birnen
180 g Blauschimmelkäse
Butter und Mehl für die Form
160 ml Milch, 160 ml Sahne
1 TL Honig
2 Eier, 1 Eigelb
Salz, Pfeffer aus der Mühle, Muskat

Zubereitung:

Mehl, Butter in Flöckchen, Eigelb, Salz und 2 – 3 Eßlöffel Wasser zu einem festen, gleichmäßigen Teig verkneten. In Klarsichtfolie wickeln und etwa eine Stunde kalt stellen. Den Lauch waschen, in dünne Ringe schneiden, in Salzwasser bißfest garen und auf einem Sieb abtropfen lassen. Die Birne schälen, vierteln, das Kernhaus entfernen und in kleine Würfel schneiden. Beides mit 100 g zerbröckeltem Blauschimmelkäse mischen.

Eine große, flache Tortenform mit Butter ausstreichen und mit Mehl bestäuben. Den Teig 2 – 3 mm dick ausrollen. Die Form damit auslegen und etwas festdrücken. Mit einer Gabel mehrmals einstechen und die Lauchmischung darauf verteilen. Milch, Sahne, Honig, Eier und Eigelb mit einem Stabmixer kräftig aufschäumen. Mit Salz, Pfeffer und etwas frischgeriebener Muskatnuß abschmecken. Die Eiermilch so über die Einlage gießen, daß diese davon bedeckt ist. Den restlichen Käse darüberbröckeln.

Die Formen in den auf 200° C vorgeheizten Backofen schieben und 15 – 20 Minuten goldbraun backen.

Mein persönlicher Tip:

Der Käse ist sowieso schon stark gewürzt. Achten Sie deshalb auf die Salzmenge, die Sie zufügen. Der Teig reicht für 2 mittlere Formen. Er läßt sich, in einer Plastiktüte verpackt, sehr gut einfrieren, sollte allerdings im Kühlschrank aufgetaut werden.

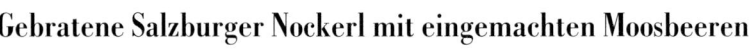

Gebratene Salzburger Nockerl mit eingemachten Moosbeeren

Zutaten für Salzburger Nockerl:
50 g gehobelte Haselnüsse
100 g Zucker, 1 TL Vanillezucker
1 Prise Salz
etwas abgeriebene Zitronenschale
7 Eiweiß, 4 Eigelb
30 g Mehl
30 g Butterschmalz für die Pfanne

Zutaten für eingemachte Moosbeeren:
2 kg Moosbeeren
1 kg Zucker
etwas roter Portwein zum Anrichten

Zubereitung:

Die Haselnüsse auf einem trockenen Blech im Ofen goldgelb rösten. Zucker, Vanillezucker, Salz und Zitronenschale mischen. Das Eiweiß steif schlagen, dabei das Zuckergemisch langsam einrieseln lassen. Das Eigelb am Rand dazugeben und mit dem Schneebesen erst mit einer kleinen Menge Eiweiß verrühren. Das Mehl über die Eiweißmasse sieben, die ausgekühlten Haselnußblättchen darüberstreuen und alles vorsichtig untereinanderziehen. Die Masse muß sofort verarbeitet werden!

Das Butterschmalz in einem Bräter erhitzen. Mit einem Eßlöffel große Nocken abstechen und in das Butterschmalz setzen. Auf drei Seiten vorsichtig Farbe nehmen lassen. Die Nocken sollen etwas aufgehen, aber nicht ganz durchbacken, und innen cremig bleiben.

Moosbeeren nicht waschen, sorgfältig verlesen, damit alle Stiele und Blätter entfernt werden. Die Beeren und den Zucker in eine Schüssel geben. Am besten mit den Knethacken der Küchenmaschine auf kleinster Stufe 30 Minuten rühren. Die Moosbeeren sind fertig, wenn sich der Zucker völlig aufgelöst hat und die Masse wie eine dickflüssige Marmelade aussieht.

Die Moosbeeren in saubere Steintöpfe oder Gläser füllen und mit einem Deckel oder Klarsichtfolie verschließen. Kühl und dunkel aufbewahren und frühestens nach 2 Wochen verwenden. Dann verlieren die Beeren an Bitterstoffen. Haltbarkeit etwa 4 – 6 Monate.

Zum Anrichten die benötigte Menge mit einem sauberen Löffel aus dem Gefäß entnehmen, leicht anwärmen und mit einem Schuß Portwein verrühren.

Heidelbeerstrauch

Mein persönlicher Tip:
In den Wintermonaten paßt fast jede Sorte eingewecktes Obst dazu. In den Sommermonaten empfehle ich frische Beeren, die nur mit einem Spritzer Zitrone und etwas Puderzucker mariniert werden.

Karfreitag

Rezepte
Kreuzbrot
Geräucherter Karpfen auf Wurzelgemüsesalat
Wallergulasch
Haferflockensoufflé auf schwarzer Johannisbeersoße

Der Karfreitag war Früher kein gesetzlicher Feiertag. Am Vormittag wurde gescheuert und geputzt, geklopft und entstaubt. Stuben- und Küchenfenster blitzten im österlichen Glanz, Kupferkessel und Messingtiegel, Zinnkannen und Zinkzeug funkelten und strahlten. Die Kleinen suchten am Bachrand nach Brunnenkresse und Schmalzblumen, Vergißmeinnicht und Schlüsselblumen.

Am Nachmittag ruhte die Arbeit. Alle bis zum letzten Knecht gingen in die Kirche zum „Herrngrabschaun". Anstelle des Glockengeläuts traten die kreischenden Karfreitagsratschen in Aktion. In den Kirchen wurde im dämmrigen Licht gebetet, das Kreuz, das in der Mitte des Kirchenschiffs lag, geküßt und das Herrngrab verehrt. Dieses war über dem Hochaltar zu sehen, eingerahmt von bunten, mit Wasser gefüllten Glaskugeln, hinter denen Öllampen brannten. Wächterfiguren standen an der Seite des Grabes.

Kreuzbrot

Zutaten:
275 g Dinkelmehl
15 g Hefe
80 ml Milch
Zucker
Sonnenblumenkerne
Kürbiskerne, Mandeln
1 Eigelb
je 1 TL Zucker und Salz
50 g Topfen
50 ml flüssige Sahne
60 g weiche Butter
1 Eigelb
1 TL Sahne

Zubereitung:

Das Dinkelmehl in eine Schüssel sieben. Die Hefe in der warmen Milch auflösen und in einer Mulde in der Mitte des Mehls mit einer Prise Zucker und etwas Mehl zu einem zähflüssigen Vorteig verrühren. Mit Mehl bestäuben, mit einem Tuch abdecken und an einem warmen Ort etwa 20 Minuten gehen lassen. In der Zwischenzeit Kerne und Mandeln im Ofen rösten und auskühlen lassen.

Das Eigelb mit je 1 Teelöffel Zucker und Salz sowie Topfen, Sahne und der weichen Butter zum Vorteig geben. Mit einem Holzlöffel zu einem geschmeidigen Teig schlagen. Die Kerne am Schluß dazugeben, damit sie durch das Bearbeiten des Teiges nicht brechen. Den Teig etwa 40 Minuten an einem warmen Ort zugedeckt gehen lassen.

In vier gleichgroße Stücke teilen, mit etwas Mehl bestäuben und zu glatten Kugeln wälzen. Für 5 Minuten zugedeckt ruhen lassen. Den Teig in eine leichte Kreuzform ziehen und an der daraus entstehenden Kerbe an allen vier Seiten ein wenig einritzen. Den Teiglingen nun vorsichtig eine schöne Kreuzform geben. Erneut etwa 15 Minuten gehen lassen. Das Eigelb mit der Sahne vermischen und damit das Brot einstreichen. Bei 180° C 20 Minuten ausbacken.

Mein persönlicher Tip:

Topfen bindet viel Flüssigkeit, wodurch das Gebäck schön aufgeht und saftiger wird.

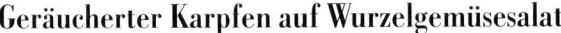

Geräucherter Karpfen auf Wurzelgemüsesalat

Zutaten:
600 g Filet vom Karpfen
1 kleine Sellerieknolle
2 mittelgroße Gelbe Rüben
3 Petersilienwurzeln
1 Gemüsezwiebel
8 EL Öl
8 EL vom Gemüsesud
3 EL Rotweinessig
1 Prise Zucker
Salz, Pfeffer aus der Mühle
½ Bund Schnittlauch
etwas Zitronensaft
2 EL Räuchermehl
etwas Butter für die Folie

Zubereitung:

Sellerieknolle, Gelbe Rüben und Petersilienwurzeln waschen, im Ganzen in leicht gesalzenem Wasser gar kochen, schälen und in ½ cm große Stücke schneiden. Die Zwiebel schälen, kleinwürfeln und im Öl glasig dünsten. Mit Gemüsebrühe, Essig, einer Prise Zucker, Salz, Pfeffer und feinge- schnittenem Schnittlauch zu einem kräftigen Dressing rühren und unter das Gemüse mischen.

Das Karpfenfilet in Stücke von etwa 150 g schneiden, mit Zitronensaft beträufeln und mit Salz und Pfeffer würzen. Auf das mit gebutterter Alufolie belegte Gitter des Räucherofens legen und 6 – 7 Minuten heiß räuchern.

Karpfenstücke auf dem Wurzelgemüsesalat anrichten.

Mein persönlicher Tip:

Als „Räucherofen" eignet sich ausgezeichnet ein Wok, in den man ein Kuchengitter mit Alufolie einlegt. Zwei Eßlöffel Räuchermehl auf den Topfboden geben, den Fisch auf das Gitter setzen, einen Deckel auflegen und auf die Flamme stellen. Den Fisch zwischendurch umdrehen.

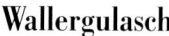

Wallergulasch

Zutaten: (für 4 Personen)
1 kg Waller
2 EL Keimöl
1 Zitrone
Salz
2 kleine Zwiebeln
50 g Tomatenmark
1 EL Paprika, edelsüß
2 große Fleischtomaten
0,4 l kräftige Gemüsebrühe
1 Prise Cayenne
1 EL Gulaschgewürz
etwas Zitronensaft
2 Bund Frühlingszwiebeln

Zubereitung:

Waller vom Fischhändler entgräten und häuten lassen. Die Wallerfilets in große Würfel schneiden. In einem weiten Topf das Öl erhitzen. Die Fischstücke salzen und mit etwas Zitrone beträufeln. Auf beiden Seiten kurz anbraten, aus dem Topf nehmen, auf ein Küchentuch legen und beiseite stellen.

Die Zwiebeln schälen, in Würfel schneiden und im verbleibenden Öl unter Rühren 10 Minuten andünsten. Das Tomatenmark einrühren und mit dem Paprikapulver stauben.

Die Tomaten überbrühen, häuten und entkernen. Das Fruchtfleisch grob hacken und in den Topf geben. Die Brühe angießen und aufkochen. Mit Salz, Cayenne und dem Gulaschgewürz würzen und weitere 10 Minuten leicht köcheln lassen. Mit einem Stabmixer pürieren, mit etwas Zitronensaft abschmecken, und die vorbereiteten Fischstücke einlegen. Das ganze 5 Minuten garziehen lassen, nicht kochen!

Die Frühlingszwiebeln putzen, in Salzwasser bißfest kochen und halbieren.

Das Gulasch mit den Frühlingszwiebeln und gekochten Kartoffeln servieren.

Mein persönlicher Tip:

Für dieses Rezept eignet sich auch sehr gut Seeteufel oder Steinbeißer.

Wallergulasch

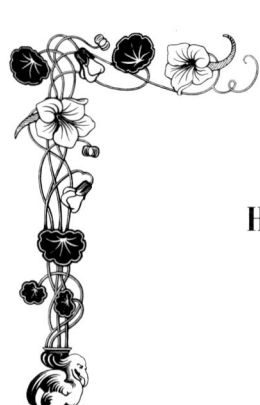

Haferflockensoufflé auf schwarzer Johannisbeersoße

Zutaten (für 8 Personen):
Zucker und Butter für die Förmchen
60 g Haferflocken
25 g Topfen
200 g Sauerrahm
abgeriebene Schale von ¼ Zitrone
abgeriebene Schale ¼ Orange
2 Eigelb
40 g Zucker
1 EL Vanillezucker
2 Eiweiß
150 g schwarze Johannisbeeren
40 g Zucker
100 ml Rotwein
½ Vanilleschote
50 ml Birnensaft vom Kompott
300 g Kompottbirnen
1 Spritzer Zitronensaft
1 cl Cassislikör

Zubereitung:
Acht Förmchen mit 100 ml Fassungsvermögen ausbuttern und auszuckern. Ein tiefes Blech mit Backpapier auslegen und so viel Wasser einfüllen, daß die Förmchen später zu einem Drittel im Wasserbad stehen.

Die Haferflocken mit Topfen, Sauerrahm, Zitronen- und Orangenschale zu einer Paste mixen. Das Eigelb mit der Hälfte des Zuckers und dem Vanillezucker schaumig rühren und zur Hafer-flockenmasse geben. Das Eiweiß mit dem restlichen Zucker schaumig schlagen. Ein Drittel davon in die Grundmasse rühren und den Rest dann vorsichtig unterheben. Zu drei Viertel in die gebutterten, gezuckerten Förmchen füllen und in das kochende Wasserbad stellen. Bei 220° C Unterhitze und 180° C Oberhitze für ca. 18 Minuten in den vorgeheizten Ofen schieben.

Die Johannisbeeren mit dem Zucker, dem Rotwein, der aufgeschlitzten Vanilleschote und dem Birnensaft etwa 5 Minuten köcheln lassen und durch ein feines Sieb passieren. Die abgetropften Birnen mit dem Stabmixer in die Johannisbeersoße sämig einmixen und mit einem Spritzer Zitronensaft und dem Cassislikör abschmecken.

Die Soße auf tiefen Tellern anrichten und die Soufflés darauf stürzen.

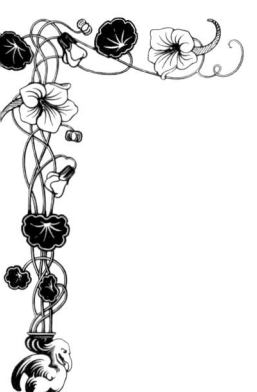

Johannisbeerzweig

Mein persönlicher Tip:

Die Förmchen sollten, einschließlich des oberen Randes, gut mit cremiger Butter eingestrichen und mit Kristallzucker ausgestreut werden, damit das Soufflé nicht kleben bleibt und luftig aufgeht.

Ostern

Rezepte
Osterbrot
Gebratene Kalbsleber auf Feigensoße
Kaninchensülze
Gefüllte Lammkeule mit Navettengemüse

Osterbrot

Zutaten:
500 g Mehl, 40 g Hefe
200 ml Milch
60 g Zucker
5 Eidotter, 1 Ei
1 Prise Salz
2 EL Vanillezucker
1 TL gestoßener Anis
40 g Mandelstifte
½ abgeriebene Zitronenschale
80 g weiche Butter
40 g Rosinen
1 Eigelb, 3 EL Sahne

Zubereitung:

Das Mehl in eine Schüssel geben, in die Mitte eine Mulde drücken und die Hefe hineinbröckeln. Mit der warmen Milch, einer Prise Zucker und etwas Mehl zu einem Vorteig verrühren. Zugedeckt etwa 20 Minuten gehen lassen.

Den restlichen Zucker, Eidotter, Ei, Salz, Vanillezucker, Anis, Mandelstifte, Zitronenschale, die weiche Butter und die Rosinen einarbeiten. Zugedeckt 30 Minuten gehen lassen, kurz kneten, zu einer Kugel formen und auf ein gefettetes, bemehltes Backblech legen. Zugedeckt erneut 30 – 40 Minuten an einem warmen Ort gehen lassen, bis sich das Volumen verdoppelt hat.

Eigelb und Sahne verrühren und das Brot damit bestreichen. Mit einem scharfen Messer dreimal über Kreuz einschneiden. Bei 170° C etwa 45 Minuten backen.

Mein persönlicher Tip:

Für einen guten Hefeteig ist es wichtig, daß die Zutaten von Anfang an Zimmertemperatur haben. Also die Zutaten bereits einige Zeit vorher in einen warmen Raum stellen.

Gebratene Kalbsleber auf Feigensoße

Zutaten:
4 Scheiben Kalbsleber à 150 g
4 EL Öl
Mehl zum Wenden

Zutaten: Feigensoße
100 g getrocknete Feigen
50 ml Apfelsaft
1 EL Honig
½ gestr. TL Curry
½ Zitrone (Saft)
100 g Schmand
Salz, Pfeffer aus der Mühle

Zubereitung:

Die Feigen in kleine Würfel schneiden. Den Apfelsaft erwärmen, Honig, Curry und Zitronensaft darin verrühren und über die Feigen geben. Einige Stunden ziehen lassen, mit dem Schmand und etwas grob gemahlenem schwarzen Pfeffer mischen und mit einer Prise Salz abschmecken.

Die Leber in Mehl wenden und in Öl auf beiden Seiten langsam braten. Mit Salz und Pfeffer würzen und mit der herzhaften Feigensoße anrichten. Feldsalat paßt sehr gut dazu.

Mein persönlicher Tip:

Leber sollte vor der Verwendung stets für einige Stunden in Milch eingelegt werden. Dadurch werden etwaige Giftstoffe entfernt und die Leber wird beim Braten zarter.

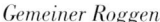

Gemeiner Roggen

Kaninchensülze

Zutaten:
600 g Kaninchenfleisch ohne Haut und Sehnen
Salz
4 Pfefferkörner
2 Zweige Thymian
2 Knoblauchzehen in der Schale
½ l Gemüsebrühe
3 Blatt Gelatine
etwas Zucker, Pfeffer
50 g gemischte Gemüsewürfel (Zucchini, Gelbe Rübe, Sellerie)

Zubereitung:

Das Kaninchenfleisch leicht salzen und mit Pfefferkörnern, Thymian und den angedrückten Knoblauchzehen über Nacht zugedeckt stehen lassen.

Alles zusammen mit der Gemüsebrühe bedeckt aufkochen lassen, weichgaren und abgießen. Den Kochsud auffangen und das Fleisch kaltstellen. In 300 ml des lauwarmen Sudes die in Wasser eingeweichte, und ausgedrückte Gelatine auflösen. Mit etwas Salz, Zucker und Pfeffer gut abschmecken. Die Gemüsewürfelchen bißfest kochen.

Das Kaninchenfleisch in kleine Stücke zupfen, in eine Form oder in tiefe Teller geben, die Gemüsewürfel darüberstreuen und den Sülzenstand angießen.

Im Kühlschrank erstarren lassen.

Mein persönlicher Tip:

Kaninchenfleisch ist nicht immer zu bekommen. Es läßt sich allerdings gut durch Geflügelfleisch ersetzen.

Gefüllte Lammkeule mit Navettengemüse

48

Gefüllte Lammkeule mit Navettengemüse

Zutaten:
1 Lammkeule ca. 2 – 2,5 kg, küchenfertig vom Metzger
150 g altbackene Semmeln
⅛ l Milch
2 Eier
½ kleine Zwiebel
Öl
je 3 Zweige Estragon und Petersilie
1 Zehe Knoblauch
Salz
Pfeffer aus der Mühle
Muskat
Keimöl für die Pfanne
¼ l Kalbsjus
3 Bund Navetten

Zubereitung:

Die Semmeln in Würfel schneiden. Die Milch kurz aufkochen, leicht abkühlen lassen und mit den Eiern verrühren, über das Brot gießen und 5 Minuten zugedeckt stehen lassen. Zwiebel und Knoblauch schälen, in kleine Würfel schneiden und im Öl glasig dünsten.

Estragon und Petersilie waschen, von den Stielen zupfen und fein schneiden. Mit dem gedünsteten Zwiebel-Knoblauchgemisch zu den Semmeln geben und gut vermischen. Mit Salz, Pfeffer und Muskat abschmecken.

Die Keule hohl auslösen, innen und außen mit Salz und Pfeffer würzen und mit der Semmelmasse füllen. Im heißen Öl von allen Seiten braun anbraten. Das Fett abgießen, die Jus hinzufügen und bei 170° C im vorgeheizten Rohr etwa 1 – 1½ Stunden braten, dabei häufig mit Bratensaft übergießen.

Die Navetten bis auf 2 cm vom Grün befreien, schälen, halbieren und in Salzwasser bißfest kochen. Abschütten und zur Keule in die Soße geben oder nach der Hälfte der Garzeit roh in der Soße mitschmoren lassen. Die Keule in Scheiben schneiden und mit dem Navettengemüse anrichten.

Mein persönlicher Tip:

Statt der Navetten können Sie genausogut Kartoffeln, Gelbe Rüben und Sellerie mitschmoren.

1. Mai

Rezepte
Geschmorte Hasenkeulen in Rotweinsoße
mit Schmorgemüse und Nußnudeln
Krebse im Gemüsesud
Kalbsbrust mit Speckknödelfüllung und Brunnenkresse-Radieserlsalat
Bärlauch-Speckpfannkuchen mit Spargelsalat

Zum 1. Mai wird vielerorts der Maibaum aufgestellt. Er ist das Symbol für die Zusammengehörigkeit eines Dorfes. Der Maibaum wird von den jungen Burschen aufgestellt, und zwar zu Ehren der jungen Dirndeln.

Geschmorte Hasenkeulen in Rotweinsoße
mit Schmorgemüse und Nußnudeln

Zutaten für Geschmorte Hasenkeulen:
4 Hasenkeulen
2 Lorbeerblätter
1 Knoblauchzehe
8 schwarze Pfefferkörner
2 Wacholderbeeren
2 Pimentkörner
2 mittelgroße Zwiebeln
100 g Gelbe Rüben und Sellerie
2 Zweige Petersilie
2 Zweige Thymian
1 Fl. Rotwein
4 cl Rotweinessig
100 ml Portwein
Salz, Pfeffer aus der Mühle
100 g geräucherter Speck
2 EL Pflanzenöl
1 TL Zucker

Zutaten für Nußnudeln:
40 g geriebene Haselnüsse
180 g Dinkelmehl
80 g doppelgriffiges Mehl
2 Eier
1 Eigelb
1 EL lauwarmes Wasser
Salz
Mehl zum Ausrollen
1 Schuß Öl zum Kochen
20 g Butter
Pfeffer aus der Mühle
frisch geriebener Muskat

Zubereitung:
Die Gewürze in ein Mullsäckchen binden. Die Keulen waschen und trocken tupfen. Das Gemüse schälen und in Würfel schneiden. Hasenkeulen und Gemüse in ein Gefäß legen. Kräuter und Gewürzsäckchen hinzufügen und mit Rotwein, Rotweinessig und Portwein aufgießen. Die Keulen 1 – 1½ Tage in der Marinade ziehen lassen, dabei einmal wenden.

Haselnuß

Das Fleisch aus der Marinade nehmen, abtrocknen und mit Salz und Pfeffer würzen. Die Beize durch ein Sieb gießen.

Den Räucherspeck in feine Streifen schneiden und in einem weiten Topf im Öl knusprig braten. Die Keulen darauf legen und von beiden Seiten sanft anbraten. Das Gemüse und die Gewürze zugeben und einige Minuten andünsten lassen, mit Zucker glasieren. Die Marinade hinzufügen und 1 – 1¼ Stunden leise köcheln lassen. Das Gewürzsäckchen und die Kräuter herausnehmen.

Die Nüsse auf einem trockenen Blech im Ofen goldbraun rösten und auskühlen lassen.

Alle Zutaten für die Nußnudeln mit den Händen zu einem glatten Teig verkneten. Es dauert mindestens 10 Minuten, bis er weich, elastisch und glänzend ist. Den Teig in Frischhaltefolie einwickeln und etwa eine Stunde ruhen lassen. Den Teig mit der Nudelrolle oder in der Nudelmaschine etwa 1 mm dick ausrollen. Die Teigplatte mit Mehl bestäuben und locker aufrollen. Die Rolle mit einem scharfen Messer in etwa 1 cm breite Streifen schneiden.

Salzwasser mit einem Schuß Öl aufkochen. Nudelstreifen in das kochende Wasser geben und etwa 4 Minuten kochen, auf einem Durchschlag abgießen, in zerlassener Butter schwenken und mit Salz, Pfeffer und Muskat würzen.

Die Hasenkeulen mit den Nußnudeln anrichten.

Mein persönlicher Tip:

Wildhasen haben im Frühjahr Schonzeit – greifen Sie auf die zu dieser Zeit auf mit frischem Grün gefütterten Stallhasen zurück. Als „Gewürzsäckchen" eignet sich auch ein Tee-Ei.

Krebse im Gemüsesud

Zutaten:
2 kg Krebse
3 kleine Gelbe Rüben
2 Stangen Sellerie
½ Stange Lauch
1 Knoblauchzehe
1 kleine Kartoffel
½ Zwiebel
3 Tomaten
4 EL Pflanzenöl
1 Thymianzweig
½ TL Kümmelsamen
70 g Tomatenmark (gehäuft)
2 cl Weinbrand
¾ l Gemüsebrühe
Salz, Cayenne, Zucker
1 TL Hefe
10 g Butter

Zubereitung:

Die Krebse in leicht gesalzenem Wasser 1 Minute kochen, abschütten und in kaltem Wasser kurz abschrecken. Schwänze und Scheren abtrennen, ausbrechen und den Darm entfernen. Die Weichteile aus den Krebskörpern entfernen, die Schalen waschen und abtropfen lassen.

Die Gelben Rüben schälen und in Scheiben schneiden. Staudensellerie waschen, die Fäden ziehen und klein schneiden. Lauch waschen und in Streifen schneiden. Jeweils zwei Eßlöffel abnehmen und in Salzwasser bißfest kochen, in Eiswasser abschrecken und abtropfen lassen.

Knoblauch, Kartoffeln und Zwiebel schälen und kleinschneiden. Die Tomaten vierteln. Die Krebs-schalen zerstampfen und in heißem Öl anbraten. Das geschnittene Gemüse, Thymian und die Kümmelsamen hinzufügen und glasig dünsten. Das Tomatenmark einrühren, mit Weinbrand ab-löschen und die Gemüsebrühe angießen. 15 Minuten leise köcheln lassen und durch ein Sieb drücken. Mit Salz, Cayenne, einer Prise Zucker und der Hefe abschmecken.

Die Krebsschwänze und das vorgegarte Gemüse einschwenken und heiß werden lassen, ohne es jedoch kochen zu lassen.

Mein persönlicher Tip:

Hefe und Kümmel wurde bereits am österreichischen Hof für Krustentiergerichte verwendet. Sie runden den Geschmack einer Krebssoße fein ab.

Krebse im Gemüsesud

Kalbsbrust mit Speckknödelfüllung und Brunnenkresse-Radieserlsalat

Zutaten für Kalbsbrust
mit Speckknödelfüllung:
1½ kg küchenfertige Kalbsbrust zum Füllen
6 altbackene Semmeln
200 ml Milch, 3 Eier
1 Zwiebel
200 g gut durchwachsener Räucherspeck
6 EL Öl, 1 Knoblauchzehe
2 Zweige Thymian
½ Bund Petersilie
Salz, Pfeffer, Muskat
2 Gelbe Rüben
½ kleine Sellerieknolle
1 EL Tomatenmark, etwa ¼ l Geflügelbrühe

Zutaten für
Brunnenkresse-Radieserlsalat:
1 kleiner Kopfsalat
½ Bund Brunnenkresse
1 Bund Radieschen
2 EL Rotweinessig
1 EL Apfelessig,
3 EL Wasser
Salz
Pfeffer aus der Mühle
Zucker
1 TL scharfer Senf
3 EL Sonnenblumenöl
1 EL Nußöl

Zubereitung:

Die Semmeln in dünne Scheiben schneiden und in eine Schüssel geben. Die aufgekochte und leicht abgekühlte Milch mit den Eiern verquirlen, über die geschnittenen Semmeln geben und zugedeckt ausdampfen lassen.

Die Zwiebeln schälen und mit dem Räucherspeck in Würfel schneiden. Die Speckwürfel in 2 Eßlöffel Öl bräunen, die Zwiebelwürfel hinzufügen und bei schwacher Hitze glasig dünsten. Knoblauchzehe schälen, Thymian und Petersilie zupfen und alles fein schneiden. Das Speck-Zwiebelgemisch, Knoblauch und Kräuter zu den Semmeln geben und gründlich, aber locker vermischen.

Die Kalbsbrust innen und außen salzen und pfeffern. Mit der Knödelmasse füllen und mit einem Küchengarn zunähen. In einem Bräter das restliche Öl erhitzen und die Kalbsbrust darin rundherum anbraten. Das geschälte, geschnittene Gemüse hinzufügen, kurz andünsten, Tomatenmark einrühren und mit der Geflügelbrühe aufgießen. Bei 170° C etwa 2 Stunden langsam garen. Dabei immer wieder mit Bratensaft begießen.

Kopfsalat und Kresse putzen, waschen und in mundgerechte Stücke zupfen. Radieschen waschen und in Scheiben oder Streifen schneiden. Für die Salatsoße Essig, Wasser, etwas Salz, Pfeffer, Zucker und Senf verrühren. Das Öl unterschlagen und Salat, Kresse und Radieserl damit mischen.

Mein persönlicher Tip:

Die Knödelmasse kann für eine Fülle ruhig etwas weicher sein, da diese ja im Gegensatz zu gewöhlichen Semmelknödeln nicht in siedendem Wasser gekocht wird.

Bärlauch-Speckpfannkuchen mit Spargelsalat

Zutaten für Bärlauch-Speckpfannkuchen:
100 g Bärlauch
200 ml Milch
250 g Mehl
6 Eigelb
120 g flüssige Butter
Salz, Pfeffer aus der Mühle, Muskat
6 Eiweiß
Öl für die Pfanne
200 g Räucherspeck in Scheiben

Zutaten für Spargelsalat:
16 Stangen Spargel
Salz, Zucker
½ altbackene Semmel
2 EL Rotweinessig
4 EL Sonnenblumenöl
Pfeffer aus der Mühle

Zubereitung:

Bärlauch von den Stielen zupfen, vier Blätter für den Salat beiseite legen, den Rest mit der Milch mixen und damit das Mehl glattrühren. Eigelb und flüssige Butter dazurühren und mit Salz, Pfeffer und Muskat würzen. Das Eiweiß mit einer Prise Salz schaumig schlagen, das erste Drittel in den Teig einrühren, den Rest unterheben.

In einer weiten Pfanne etwas Öl erhitzen, ein Viertel der Speckscheiben darin anbraten und wieder herausnehmen. Ein Viertel des Teiges in dem verbleibenden Fett verteilen und von der Pfanne wegbraten. Die Speckscheiben auflegen, bei 180° C in den vorgeheizten Ofen schieben, und in etwa 10 Minuten eine goldbraune Farbe nehmen lassen.

Den Spargel von der Spitze zum Schnitt schälen. Die Spargelstangen in reichlich Wasser, mit Salz und Zucker gewürzt, sowie der Semmel und einem Schuß Essig 8 – 10 Minuten kochen. Anschließend herausheben und 200 ml Spargelfond abnehmen. Den Fond mit Essig, Öl, Salz, Pfeffer aus der Mühle und einer Prise Zucker würzen. Mindestens eine Stunde ziehen lassen und mit den Pfannkuchen anrichten. Bärlauchblätter in feine Streifen schneiden und über den Spargel-salat streuen.

Mein persönlicher Tip:

Den Bärlauch, auch Zigeunerlauch genannt, erntet man im April und Mai. Am feinsten sind die kleinen Blätter, die vor der Blüte gepflückt werden.

Christi Himmelfahrt

Rezepte
Entenpflanzl auf gemischtem Salat mit Kartoffeldressing
Kräutergockel
Hennenknödel auf Kohlrabi-Sauerampfergemüse
Geschmortes Rotweintäubchen

Früher wurde zu Christi Himmelfahrt eine Christusfigur durch ein Loch in der Kirchendecke hochgezogen, durch das er dann zu Pfingsten wieder herunterschwebte. Diese Auffahrt wurde aufmerksam beobachtet, denn, so vermutete man abergläubisch, aus der Richtung, in die die Christusfigur kurz vor dem Verschwinden blickte, sollten die Sommergewitter kommen. Nachmittags versammelte man sich dann zu einer Flurprozession, auch „Brotflehen" genannt, bei der man um einen guten Erntesegen bat. Diese endete meist feuchtfröhlich im Wirtshaus neben der Kirche. Daraus entwickelte sich der neumodische Brauch der Vatertagsausflüge.

Entenpflanzl auf gemischtem Salat mit Kartoffeldressing

Zutaten für Entenpflanzl:
4 Entenkeulen (ca. 800 g)
2 altbackene Semmeln
¼ l Milch
150 g gut durchwachsener Räucherspeck
1 kleine Zwiebel
je 2 Zweige Petersilie und Majoran
20 g Butter, 2 Eier
Salz, Cayennepfeffer
1 TL scharfer Senf
Muskat
Öl zum Ausbraten

Zutaten für gemischten Salat mit Kartoffeldressing
250 g gemischter Blattsalat
1 Zwiebel
2 EL Öl
1 mittelgroße, gekochte, geschälte Kartoffel
200 g Sauerrahm
200 g Joghurt
50 ml Sahne
⅛ l Gemüsebrühe
Salz, Pfeffer aus der Mühle
1 Prise Zucker
Saft von ½ Zitrone

Zubereitung:

Semmeln in der Milch einweichen. Die Entenkeulen enthäuten und die Haut beiseite legen, von Knochen und groben Sehnen befreien. Das Fleisch und den Speck kleinschneiden und mit den ausgedrückten Semmeln durch die feine Scheibe des Fleischwolfes drehen.

Die Zwiebel schälen, fein würfeln und mit den gezupften Kräutern in der Butter glasig dünsten.

Das Fleisch, die Kräuterzwiebeln und die Eier zu einer glatten Masse verarbeiten. Mit Salz, Cayenne, Senf und Muskat abschmecken. Kleine Pflanzl formen und auf beiden Seiten mittelbraun braten.

Petersilie

Salatblätter waschen und abtropfen lassen. Zwiebel schälen, in kleine Würfel schneiden, in Öl glasig dünsten und auskühlen lassen. Die Kartoffel durch die Presse drücken und mit Sauerrahm, Joghurt, Sahne, Gemüsebrühe und den Zwiebeln verrühren. Mit Salz, Pfeffer, einer Prise Zucker und Zitronensaft abschmecken, mit dem Salat mischen und zusammen mit den Entenpflanzln auf Tellern anrichten.

Die Entenhaut in kleine Würfel schneiden; in heißem Öl kroß braten und den Salat damit bestreuen.

Mein persönlicher Tip:

Entenpflanzl können genausogut aus Entenbratenresten zubereitet werden. Sollten diese nicht ausreichen, lassen sie sich gut durch anderes Geflügelfleisch ersetzen.

Kräutergockel

Zutaten:
1 junger Gockel
1 Zwiebel
Salz, Pfeffer aus der Mühle
1 TL Paprika edelsüß
2 große Zweige Rosmarin
1 Knoblauchzehe
2 Zweige Petersilie
2 Thymianzweige
2 EL Keimöl
2 EL Butter
¼ l Geflügelbrühe

Zubereitung

Salz mit Pfeffer und Paprika mischen. Zwiebel und Knoblauch schälen und zusammen grob zerteilen. Die Haut der Brust von der Bauchhöhlenöffnung her mit einem Löffelstiel lösen. Dazwischen die Rosmarinzweige drappieren. Den Gockel innen und außen mit der Gewürzmischung einreiben und mit dem Zwiebel-Knoblauchgemisch und den Petersilien- und Thymianzweigen füllen. Mit Küchengarn zunähen.

Das Öl in einem Bräter erhitzen und den Gockel darin auf beiden Keulenseiten anbraten, auf den Rücken legen und bei 200° C im vorgeheizten Ofen etwa 45 – 50 Minuten braten. Zwischendurch immer wieder mit Butter bestreichen.

Den Gockel herausnehmen, tranchieren und im Ofen warm stellen. Den Bratensatz mit der Geflügelbrühe ablöschen und mit der Zwiebelfülle einige Minuten einkochen lassen. Mit einer Schöpfkelle durch ein feines Sieb drücken, so daß die Zwiebel der Soße eine leichte Bindung verleiht. Eventuell mit Salz und Pfeffer nachschmecken. Den tranchierten Gockel heiß mit der Soße servieren.

Mein persönlicher Tip:

Rosmarin wirkt appetitanregend. Sie können jedoch auch Ihr Lieblingskraut oder Knoblauch statt dessen verwenden – auch dann läuft Ihnen sicherlich das Wasser im Munde zusammen.

Kräutergockel

Hennenknödel auf Kohlrabi-Sauerampfergemüse

Zutaten für Hennenknödel:
4 altbackene Semmeln
100 ml Milch, 2 Eier
200 g Hühnerkeulenfleisch mit Haut
Öl, 25 g Butter
½ Zwiebel
Salz, Pfeffer aus der Mühle, Muskat
1 Lorbeerblatt
1 Schuß Weißwein
70 ml Sahne

Zutaten Gemüse:
5 junge Kohlrabi
20 g Butter
200 ml Geflügelbrühe
Salz
Zucker,
Pfeffer aus der Mühle
Muskat
100 ml Schmand
½ Bund Sauerampfer

Zubereitung:

Semmeln in kleine Würfel schneiden und in eine Schüssel geben. Die Milch aufkochen, leicht abkühlen lassen, mit den Eiern verquirlen und über die Semmelwürfel gießen. Zugedeckt ausdampfen lassen. Vom Keulenfleisch die Haut abziehen und beides in kleine Würfel schneiden. Die Haut in Öl kroß braten und auf Küchenkrepp abtropfen lassen.

Das Fett abgießen und die Pfanne etwas abkühlen lassen, die Butter darin schmelzen und die feingeschnittene halbe Zwiebel darin andünsten. Die Fleischwürfel dazugeben, mit Salz, Pfeffer und Muskat würzen und das Lorbeerblatt einlegen. Die austretende Flüssigkeit ganz einreduzieren lassen. Mit dem Weißwein ablöschen, die Sahne angießen und vollständig einreduzieren lassen. Lorbeerblatt entnehmen und mit Eiern und Semmeln mischen. Mit nassen Händen zu 8 kleinen Knödeln formen und in leicht siedendem Salzwasser 10 – 15 Minuten garen.

Den Kohlrabi dünn schälen und in etwa 1 cm dicke Stifte schneiden. Die Butter in einem Topf schmelzen und die Kohlrabistücke darin andünsten. Die Brühe angießen, mit Salz, Zucker, Pfeffer und Muskat würzen und im geschlossenen Topf bei kleiner Hitze 15 – 20 Minuten garen. Den Schmand hinzufügen, kurz erhitzen und den feingeschnittenen Sauerampfer unterziehen.

Die Hennenknödel auf Kohlrabigemüse anrichten und mit der kroß gebratenen Haut bestreuen.

Mein persönlicher Tip:

Um trockene Brotstücke im Knödelteig zu vermeiden, gibt man heiße Milch über das altbackene Brot und deckt die Masse sofort zu, damit sich der Dampf hält und das Brot feucht wird.

Geschmortes Rotweintäubchen

Zutaten:
4 küchenfertige Tauben
8 EL Öl
3 Zwiebeln
2 Knoblauchzehen
2 Zweige Thymian
1 kleiner Zweig Rosmarin
3 Wacholderbeeren
8 weiße Pfefferkörner
1 Lorbeerblatt
1 TL Zucker
1 EL Tomatenmark
150 ml roter Portwein
1 l Rotwein
½ l kräftige Geflügelbrühe
300 g Knollensellerie
100 g eiskalte Butter

Zubereitung:

Keulen und Brustfleisch von den Tauben lösen., die Haut abziehen, kleinschneiden und in 3 Eßlöffel Öl kroß braten.

Die Karkasse in nußgroße Stücke hacken und im restlichen Öl braun rösten. 2 Zwiebeln schälen, klein schneiden und mit den Knoblauchzehen zu den Knochen geben. 5 – 10 Minuten schonend mitbraten, Kräuter und Gewürze hinzufügen und kurz mitrösten. Mit dem Zucker leicht glasieren, das Tomatenmark einrühren, mit Portwein ablöschen und mit Rotwein und Brühe aufgießen. ½ Stunde leise sieden lassen und passieren.

Eine Zwiebel schälen und in kleine Würfel schneiden. Den Knollensellerie schälen und in ½ cm große Würfel schneiden. Beides in 30 g Butter glasig dünsten. Mit der Soße aufgießen, einmal aufkochen lassen, dann das Brustfleisch und die Keulen einlegen und knapp unter dem Siedepunkt in etwa 15 Minuten garziehen lassen. Die Soße durch ein Sieb gießen und die restliche eisgekühlte Butter in kleinen Stücken hineinrühren.

Das Brustfleisch tranchieren und mit den Keulen und dem Sellerie auf einer tiefen Platte anrichten. Die Soße darübergießen und mit den krossen Hautgrammeln bestreuen.

Mein persönlicher Tip:

Nachdem die Fleischstücke zum Schmoren eingelegt wurden, darf die Soße nicht mehr kochen, damit das Fleisch entspannt garen kann und nicht zäh wird.

Pfingsten

Rezepte
Schinkenwand'l
Ragout vom Maibock
Rinderbrust in zwei Gängen
I. Klare Fleischsuppe mit Einlagen:
Mit Kalbsbrät und Kräutern
gefüllte Pfannkuchenrouladen
Käsekrapferl und Kräuter-Markknödel
II. Rinderbrust in Portwein
mit weißem Zwiebelpüree
Rhabarber-Topfenstrudel

Schinkenwand'l

Zubereitung:
150 g Mehl
60 g Butter
2 Eigelb
Salz
2 kleine Zwiebeln
1 Stange Lauch
200 g Kochschinken
60 g Bergkäse
150 ml Milch
150 ml Schlagsahne
2 Eier
Pfeffer aus der Mühle, Muskat

Zubereitung

Mehl, kalte Butter in Flöckchen, Eigelb, Salz und 2 – 3 Eßlöffel Wasser zu einem festen, gleichmäßigen Teig verkneten. In Klarsichtfolie gepackt etwa eine Stunde kalt stellen.

Die Zwiebeln schälen und in feine Würfel schneiden, Lauch waschen und in Streifen schneiden. Beides in Salzwasser bißfest kochen, in Eiswasser abschrecken und das Wasser durch ein Tuch ausdrücken. Den Schinken in Streifen schneiden und den Käse hobeln.

Eine flache Kuchenform mit Butter ausstreichen, mit etwas Mehl stauben und mit einer dünnen Teigschicht auslegen. Etwas festdrücken, mit einer Gabel mehrmals einstechen und noch einmal 10 Minuten kalt stellen.

Dann Zwiebel, Lauch, Schinken und Käse auf dem Teig verteilen. Milch mit Sahne und den Eiern mixen, mit Salz, Pfeffer und Muskat würzen und über die Einlage geben. Die Form sollte bis zum Rand gefüllt sein. Bei 200° C im vorgeheizten Ofen in etwa 30 Minuten goldbraun backen.

Mein persönlicher Tip:

Die Bestandteile der Füllung können nach Geschmack und Belieben geändert werden.

Ragout vom Maibock

Zutaten:
800 g Rehfleisch (Schulter oder Brust)
1 Stück unbehandelte Zitronenschale
3 Pimentkörner, 5 Pfefferkörner
1 Lorbeerblatt, 5 Wacholderbeeren
1 ungeschälte Knoblauchzehe
1 Gelbe Rübe, 100 g Sellerieknolle
2 Zwiebeln, 2 Thymianzweige
1 Fl. Rotwein, 4 cl Gin
4 cl Rotweinessig
150 g Räucherspeck in Scheiben
1 TL Zucker, ¼ l Wildkraftbrühe, Salz
100 g Wiesenchampignons
1 EL Butterschmalz

Zubereitung:

Außer Salz und Zucker alle Gewürze in ein Mullsäckchen binden. Das Gemüse schälen und kleinschneiden. Das Fleisch in grobe Würfel schneiden und mit Thymian, dem Gewürzsäckchen und dem Gemüse in ein passendes Gefäß geben. Rotwein, Gin und Rotweinessig angießen und zugedeckt 1-2 Tage marinieren.

Das Fleisch herausnehmen und trockentupfen. Die Marinade durch ein Sieb in eine Schüssel abgießen. Die Speckscheiben in drei Streifen schneiden und in einem Schmortopf kroß anbraten und auf Küchenkrepp abtropfen lassen.

Im verbleibenden Fett das marinierte Fleisch anbraten. Das Gemüse mit dem Gewürzsäckchen und den Kräutern hinzufügen, kurz mitschmoren und mit dem Zucker glasieren. Mit der Marinade ablöschen, die Wildkraftbrühe hinzufügen, salzen und im geschlossenen Topf 20 Minuten schmoren. Die Gewürze entfernen und weitere 45 Minuten im geschlossenen Topf bei kleiner Hitze garen, bis das Fleisch weich ist. Die Fleischstücke mit einem Schaumlöffel aus dem Sud heben und in einem anderen Topf warm stellen.

Den Schmorsud mit dem Gemüse kräftig durch ein Sieb passieren, so daß das Gemüse eine leichte Bindung erhält. Die Wiesenchampignons putzen, vierteln, in heißem Butterschmalz scharf anbraten. Das Fleisch, die Champignons und die Speckscheiben in den Schmorsud geben und eventuell etwas nachwürzen.

Mein persönlicher Tip:

Ein Ragout darf natürlich auch Knochen enthalten. Ich ziehe es allerdings vor, sie auszulösen, mitzugaren, und mit der Soße abzupassieren. So erhalte ich den vollen Geschmack und esse mit Genuß.

Ragout vom Maibock

Rinderbrust in zwei Gängen (für ca. 6 Personen)

I. Klare Fleischsuppe mit Einlagen

Zutaten für klare Fleischsuppe:
1 Zwiebel
500 g gehackte Suppenknochen vom Rind
1 kg Rinderbrust, etwas Öl
4 schwarze Pfefferkörner, 1 Stengel Liebstöckel
5 Zweige glatte Petersilie, 1 Bund Suppengrün
Salz, Pfeffer, Muskat

Zutaten für mit Kalbsbrät und Kräutern gefüllte Pfannkuchenrouladen:
100 g Mehl, ¼ l Milch, 3 Eier, 120 g Butter
Salz, Pfeffer aus der Mühle, Muskat
100 g gekühltes Kalbfleisch, 1 Ei, 50 g Sahne
1 Zweig Thymian, ½ Bund Petersilie
4 Zweige Kerbel, 1 Zweig Basilikum
Butter zum Ausbacken, Butter für die Alufolie

Zutaten für Käsekrapferl:
100 ml Milch, 25 g Butter, Salz, 80 g Mehl
2 Eier, 1 Eigelb, 120 g Bergkäse
250 g Kartoffeln, gekocht, geschält und passiert
Pfeffer, Muskat, Fritierfett

Zutaten für Kräuter-Markknödel:
90 g Rindermark
4 Stengel Petersilie, 4 Zweige Kerbel, 1 Zweig Thymian
140 g Semmelbrösel, 2 Eier, 2 Eigelb
Salz, Pfeffer, Muskat

Zubereitung:

Die Zwiebel halbieren und in einer trockenen Pfanne bräunen. Die Knochen mit kochendheißem Wasser übergießen und abgetropft in einem Topf mit etwa 2½ l kaltem, leicht gesalzenem Wasser bedecken. Gebräunte Zwiebeln sowie Pfefferkörner dazugeben. Zum Kochen bringen. Das Fleisch in einer Pfanne mit etwas Öl rundherum goldbraun anbraten und in die Knochenbrühe legen. Brühe mit dem Fleisch bei kleiner Hitze im offenem Topf etwa 1 Stunde leise sieden lassen. Den sich bildenden Schaum mit einer Schöpfkelle abnehmen. Das Fleisch herausnehmen und zugedeckt beiseite stellen. Das geputzte und gewürfelte Suppengrün mit Liebstöckl und Petersilie hinzufügen und eine weitere halbe Stunde mitkochen, dann alles durch ein Sieb gießen. Noch etwas reduzieren, mit Salz, Pfeffer und Muskat abschmecken.

Für die Pfannkuchenrouladen das Mehl mit der Milch glattrühren, die Eier und zuletzt die flüssige Butter hineinrühren. Mit Salz, Pfeffer und Muskat abschmecken. Eine halbe Stunde ruhen lassen.

Gekühltes Kalbfleisch würfeln, durch den Fleischwolf drehen und im Mixer fein pürieren. Ei und 4 Eßlöffel Sahne zufügen und noch einmal aufmixen. Thymian, Petersilie, Kerbel und Basilikum waschen, zupfen, kleinschneiden und zu dem pürierten Fleisch mischen. Mit Salz, Pfeffer und Muskat abschmecken. Restliche Sahne steif schlagen und unterziehen.

Mit Butter aus der Eiermasse Pfannkuchen backen, auskühlen lassen, mit dem Kräuterbrät bestreichen, einrollen und in gebutterte Alufolie einwickeln. In leicht siedendem Wasser etwa 10 – 15 Minuten garen, aus der Folie nehmen und in Scheiben schneiden.

Für die Käsekrapferl die Milch mit Butter und einer Prise Salz aufkochen. Das Mehl einrühren und mit einem Holzlöffel so lange abbrennen, bis sich am Topfboden ein weißer Film zeigt. Den Teig in eine Schüssel geben, Eier und Eigelb nach und nach einrühren, so daß eine glatte Masse entsteht. Den geriebenen Käse hinzufügen und mit den Kartoffeln mischen. Mit Salz, Pfeffer und Muskat abschmecken. Backpapier auf die Größe der Friteuse zuschneiden. Mit einem Dressier-beutel mit Lochtülle kleine Krapferl aufspritzen und umgedreht in das 170° C heiße Backfett legen, anbacken, das Pergamentpapier abziehen und fertigbacken.

Zur Zubereitung der Kräuter-Markknödel das Mark einige Stunden in kaltes Wasser einlegen, damit das Blut auswässert und das Mark eine weiße Farbe annimmt. Die Kräuter zupfen und mit den Semmelbröseln mixen. Das Mark abtrocknen und durch ein Sieb streichen. Mit Eiern, Eigel-ben und den Bröseln verkneten. Mit Salz, Pfeffer und Muskat würzen und 20 – 30 Minuten ruhen lassen. Kleine Knödel von etwa 2 – 3 cm Ø daraus formen und in leicht siedendem Salzwasser, bestenfalls in etwas Rinderbrühe, in etwa 20 – 25 Minuten schonend garen.

Mein persönlicher Tip:

Das angebratene Fleisch gibt eine schöne Farbe und einen feinen Geschmack an die Suppe ab. Die Poren schließen sich und das Fleischstück bleibt saftiger.

Käsekrapferl können Sie auf Vorrat herstellen, Sie lassen sich gut einfrieren. Bei Bedarf etwa eine Stunde vorher langsam auftauen lassen.

II. Rinderbrust in Portwein mit weißem Zwiebelpüree

Zutaten für Rinderbrust in Portwein:
Rinderbrust aus dem Rezept Fleischbrühe
1 Zwiebel, 2 Gelbe Rüben
200 g Knollensellerie
3 EL Pflanzenöl
2 Knoblauchzehen
Salz, Pfeffer aus der Mühle
2 Zweige Thymian
1 Lorbeerblatt
4 Pfefferkörner, 1 Nelke
1 TL Zucker
200 ml Rotwein
¼ l Kalbsjus, ¼ l Portwein

Zutaten für weißes Zwiebelpüree:
2 – 3 Zwiebeln (500 g)
2 EL Pflanzenöl
1 Prise Zucker
200 ml Geflügelbrühe
Salz, Muskat

Zubereitung:

Das Gemüse schälen, in 1 – 2 cm große Würfel schneiden und im heißen Öl mit Knoblauch, den Gewürzen und den Kräutern andünsten. Mit dem Zucker glasieren, mit Rotwein ablöschen und kurz einkochen lassen. Kalbsjus und Portwein angießen, die vorgegarte Rinderbrust einlegen und im geschlossenen Topf, bei gelegentlichem Wenden und Begießen, im vorgeheizten Backofen bei 160° C 2 Stunden schmoren. Das Fleisch herausnehmen und die Soße durch ein Sieb passieren.

Die Ochsenlende in Scheiben mit Soße und weißem Zwiebelpüree servieren. Dieses wird wie folgt zubereitet. Die Zwiebeln schälen, würfeln und im heißen Öl glasig dünsten. Mit Zucker leicht glasieren und die Geflügelbrühe angießen. Einköcheln lassen und, sobald die Zwiebeln weich sind, durch ein Sieb streichen. Mit Salz und Muskat würzen.

Mein persönlicher Tip:

Anstatt des Zwiebelpürees eignet sich sehr gut Selleriegemüse als Beilage. Zur Pilzzeit würde ich Steinpilzspätzle dazu reichen.

Zwiebel

Rhabarber-Topfenstrudel

Zutaten für Strudelteig (Grundrezept):
250 g Mehl
1 Prise Salz
2 Eßl. Öl
1 EL Essig
100 ml Wasser
1 EL flüssige Butter zum Bestreichen

Zutaten für Rhabarber-Topfenstrudel:
300 g Rhabarber
110 g Zucker
80 g Butter, 3 Eigelb
60 g Puderzucker, 1 Vanilleschote
1 Prise Salz
Abrieb von einer halben Zitrone
450 g Topfen
40 ml Sahne, 200 ml Sauerrahm
1 cl Rum
3 Eiweiß, 40 g zerlassene Butter
2 EL gemahlene Mandeln
1 Rezept Strudelteig

Zubereitung:

Mehl, Salz, Öl, Essig und Wasser mischen. Mit den Knethaken des Handrührers oder in der Küchenmaschine in etwa 10 Minuten zu einem glatten elastischen Teig verarbeiten. Den Teig zur Kugel formen und mit Butter bestreichen. Mit einem scharfen Messer oben ein Kreuz in den Teig schneiden und in Folie verpackt bei Zimmertemperatur 2 Stunden ruhen lassen. Den Topfen auf einem mit einer Stoffserviette belegten Sieb einige Stunden abtropfen lassen. Rhabarber schälen, längs halbieren, in kleine Stücke schneiden, mit 40 g Zucker mischen und 10 Minuten auf einem Blech ziehen lassen. Bei 180° C etwa 10 – 15 Minuten auf Biß garen, auskühlen, die Flüssigkeit abtropfen lassen, auf 1 Eßlöffel reduzieren und zum Rhabarber zurückgeben.

Butter mit Eigelb, Puderzucker, dem Mark einer Vanilleschote, Salz und dem Zitronenabrieb schaumig schlagen. Topfen, Sahne, Sauerrahm und Rum einrühren. Das Eiweiß mit dem restlichen Zucker schaumig schlagen und mit dem Rhabarber unter die Topfenmasse heben.

Ein Tischtuch gleichmäßig mit Mehl einstäuben. Den Strudelteig möglichst dünn darauf ausrollen. Den Teig gleichmäßig über die Handrücken gleichmäßig immer dünner ausziehen. Der Teig ist richtig, wenn man die Zeitung dadurch lesen kann. Mit zerlassener Butter bestreichen und mit den Mandeln bestreuen. Die Topfenmasse in einem breiten Streifen auf eine Längsseite des Strudelteiges geben, dabei einen etwa 5 cm breiten Rand freilassen. Den Strudel mit Hilfe des Tuches aufrollen und in eine gebutterte, feuerfeste flache Form legen. Mit flüssiger Sahne bestreichen. Den Strudel in den auf 180° C vorgeheizten Backofen schieben und etwa 25 Minuten backen, bis er hellbraun ist. Einige Minuten auskühlen lassen, dann schneiden.

Mein persönlicher Tip:

Zum Rhabarber-Topfenstrudel paßt hervorragend Erdbeersoße oder mit Zitronensaft und Puderzucker marinierte Erdbeeren.

Fronleichnam

Rezepte
Matjes auf gebratenem Spargelgemüse
Gesottene Rinderwade mit Kartoffel-Spargelpüree
Tellersülze von Hollerblüten und Erdbeeren
Rosenbowle

Matjes auf gebratenem Spargelgemüse

Zutaten:
4 Matjes Doppelfilets
250 g weißen Spargel
250 g grünen Spargel
30 ml Pflanzenöl
etwas Salz, 1 Prise Zucker
Pfeffer aus der Mühle
200 g Sauerrahm
100 g Creme fraîche
ein Spritzer Zitrone
1 EL frische Kräuter (Schnittlauch, Bärlauch, Petersilie)

Zubereitung:

Den weißen Spargel schälen, den grünen im unteren Drittel schälen. Die Enden abschneiden und je eine Stange in drei Teile schneiden. In einer Pfanne das Öl erhitzen und die Spargelstücke darin sanft braten. Mit Salz, einer Prise Zucker und etwas Pfeffer würzen. Den Sauerrahm mit Creme fraîche vermischen, mit einem Spritzer Zitrone, Salz, Pfeffer, Zucker und den frischen Kräutern abschmecken. Den Spargel auf einem flachen Teller verteilen, das Matjesfilet darauf anrichten und die Sauerrahmsoße darüberträufeln.

Mein persönlicher Tip:

Die Matjes sollten mindestens ½ Stunde in Milch eingelegt werden. So werden sie milder, da das Salz etwas auslaugt.

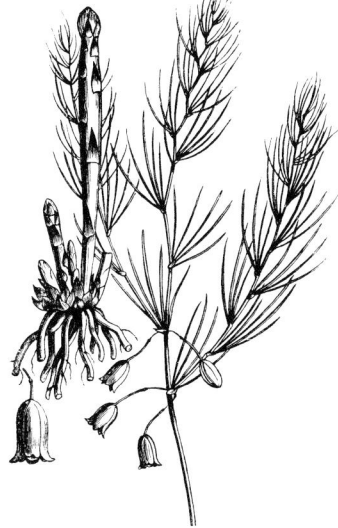

Spargel

Gesottene Rinderwade mit Kartoffel-Spargelpüree

Zutaten für Rinderwade:
1 Zwiebel
1 Bund Suppengrün
400 g kleingehackte Rinderknochen
1 kg Rinderwade, etwas Öl
2 Knoblauchzehen
5 weiße Pfefferkörner
1 Stengel Liebstöckel
1 Zweig Thymian
2 – 3 EL Estragonessig
1 EL Butter
Salz und Pfeffer

Zutaten für Kartoffel-Spargelpüree:
250 g gekochte, geschälte Kartoffeln
50 ml Milch
40 g Butter
5 Stangen weißer Spargel
3 EL Öl
Salz
Pfeffer aus der Mühle
50 g Sahne
Muskat

Zubereitung:

Zwiebel halbieren und in einer trockenen Pfanne bräunen. Suppengemüse putzen und kleinschneiden. Die Knochen mit kochendheißem Wasser übergießen und abgetropft in einem Topf mit etwa 2½ l kaltem, leicht gesalzenem Wasser bedecken und zum Kochen bringen.

Das Fleisch in etwas Öl in einer Pfanne rundherum goldbraun anbraten und in die Knochenbrühe legen. Etwa 1½ Stunden ohne Deckel leise sieden lassen, dabei entstehenden Schaum mit einer Schöpfkelle abnehmen. Das vorbereitete Suppengrün,Knoblauch, Pfefferkörner,gebräunte Zwiebel und Kräuter zufügen, und weitere 30 Minuten bei kleiner Hitze köcheln. Das fertige Fleisch aus der Brühe nehmen und einige Minuten ruhen lassen.

Inzwischen die Brühe durch ein Sieb gießen, ein Viertel davon abnehmen, und mit einem Spritzer Essig und der kalten Butter aufmixen. Mit Salz und Pfeffer nachwürzen.

Die Kartoffeln noch heiß durch die Presse drücken und mit der heißen Milch mischen. Bei kleiner Hitze, noch besser auf einem Wasserbad, die kalte Butter in Flöckchen hineinrühren.

Den Spargel schälen und schräg in dünne Scheiben schneiden. Im heißen Öl goldbraun braten, Mit Salz und Pfeffer würzen und unter das Kartoffelpüree rühren. Die cremig geschlagene Sahne unterziehen und mit Salz, Pfeffer und Muskat würzen.

Die Rinderwade in Scheiben mit Soße und Püree servieren.

Mein persönlicher Tip:

Die Garzeit, bis das Fleisch weich ist, hängt nicht nur vom Alter des Tieres ab, sondern vielmehr von der Reife des Fleisches. Auch Fleisch von jungen Tieren wird beim Kochen zäh, wenn es zu frisch ist.

Gesottene Rinderwade mit Kartoffel-Spargelpüree

Tellersülze von Hollerblüten und Erdbeeren

Zutaten:
250 ml trockener Weißwein
150 ml Mineralwasser
150 ml Sekt
1 Gewürznelke
1 Zitrone
170 g Zucker
8 – 10 Holunderblütendolden
7 Blatt Gelatine
600 g Erdbeeren
1 Schuß frischer Sekt
ein Löffel geschlagene Sahne oder Vanilleeis

Zubereitung:

Weißwein, Mineralwasser, Sekt, Nelke, Zitrone in Scheiben und Zucker aufkochen. Die gezupften Hollerblüten hineingeben und etwa 2 Stunden ziehen lassen.

Die Gelatine in kaltem Wasser einweichen, ausdrücken, in 1 dl erwärmten Suds auflösen und in die restliche Flüssigkeit rühren. Die Erdbeeren putzen, größere halbieren und in tiefe Teller verteilen.

Das Gelee auf Eiswasser so lange rühren, bis es anfängt zu gelieren. Jetzt einen frischen Schuß Sekt hineinrühren; dabei bleiben die Kohlensäurebläschen im Gelee erhalten. Die Masse über die Beeren verteilen und kaltstellen oder sofort servieren.

Mit einem Löffel geschlagener Sahne oder Vanilleeis servieren.

Mein persönlicher Tip:

Falls im Kühlschrank nicht genügend Platz für Teller ist, geben Sie die Sülze in eine Terrinenform und schneiden mit dem Elektromesser 2 cm dicke Scheiben herunter. Für diese Methode reicht, je nach Größe der Beeren, ¾ der Flüssigkeitsmenge.

Schwarzer Holunder

Rosenbowle

Zutaten (für 8 – 10 Personen):
6 vollerblühte, stark duftende Rosen
1½ Flaschen trockener Roséwein
⅛ l Cognac
5 cl Amaretto
180 g Zucker
2 Fl. Sekt

Zubereitung:

Roséwein, Cognac, Amaretto, und Zucker in einen Krug geben. Von 5 Rosen die Blütenblätter abzupfen, in die Bowle rühren und mindestens 1, besser 2 – 3 Stunden ziehen lassen. Durch ein Sieb in ein Bowlengefäß gießen und mit Sekt auffüllen.

Die Blütenblätter von einer Rose als Garnitur hineinstreuen.

Mein persönlicher Tip:

Eine elegante, herrliche Bowle für eine Sommernachtsparty. Es gibt kaum eine Blüte, deren Duft sich in Flüssigkeit so leicht lösen läßt. Fragen Sie einfach im Blumengeschäft nach ungespritzten, stark duftenden Rosen.

Hundertblättrige Rose

Sonnwend

Rezepte
Kirschensuppe mit Hasenöhrl
Rieslingbeuscherl mit Wachtelspiegelei
Kartoffelkäs
Marinierte Renke auf Apfel-Kartoffelsalat

Kirschensuppe mit Hasenöhrl

Zutaten für Suppe:
600 g Kirschen
¼ l Rotwein
50 ml roter Portwein
100 ml Kirschsaft
50 g Zucker
1 kleines Stück Zimtstange
1 Bruchstück eines Lorbeerblattes
4 schwarze Pfefferkörner
1 Stück Zitronenschale
1 gehäufter EL Speisestärke
1 EL Honig
2 cl Kirschwasser

Zutaten für Hasenöhrl:
375 g Mehl
75 g kalte Butter
1 Prise Salz
1 Ei
1 Dotter
3 EL Sauerrahm
1 – 2 kg Butterschmalz

Zubereitung:

Rotwein, Portwein, Kirschsaft, Zucker und die Gewürze aufkochen und 10 Minuten ziehen lassen. Die Gewürze herausnehmen, 2 Eßlöffel der Flüssigkeit abnehmen und das Stärkepulver damit verrühren. Die restliche Flüssigkeit aufkochen, das Stärkegemisch hineinrühren und zwei Minuten köcheln lassen. Durch ein Sieb in einen Topf gießen, die gewaschenen, entsteinten Kirschen hineingeben, nochmals aufkochen, Honig und Kirschwasser hinzufügen und mindestens zwei Stunden ziehen lassen.

Für die Hasenöhrl aus allen Zutaten schnell einen Teig kneten und mindestens eine ¾ Stunde im Kühlschrank ruhen lassen. Anschließend den Teig messerrückendick ausrollen, dabei mit Mehl bestäuben.

Mit einem Teigrädchen Rauten schneiden (6 – 9 cm Seitenlänge). Die Teigreste zusammenkneten, ausrollen und weiter schneiden, bis der Teig aufgebraucht ist.

In Butterschmalz schwimmend bei 180° C goldgelb ausbacken und mit Puderzucker bestreuen. Dazu die Kirschsuppe kalt servieren.

Mein persönlicher Tip:

Mit einer Kugel Sauerrahm- oder Buttermilcheis ergänzen Sie die Kirschensuppe wunderbar. Die Hasenöhrl passen aber auch zum Kaffee und schmecken frisch und lauwarm am besten.

Rieslingbeuscherl mit Wachtelspiegelei

Zutaten:
400 g küchenfertige Kalbslunge
300 g küchenfertiges Kalbsherz
1 Lorbeerblatt, 3 Gewürznelken, 1 Zwiebel
2 Knoblauchzehen, 2 Zweige Thymian
1 Schuß Weißweinessig
5 weiße Pfefferkörner, 2 Wacholderbeeren
Salz, 2 Zwiebeln, 30 g Butter
1/4 l Frankenriesling
150 ml Gewürzgurkensud, 1 EL gewässerte Sardellen
1 TL Kapern, 1 kleine Gewürzgurke
1 Knoblauchzehe, 1 Zweig Majoran
100 ml Sahne, 1 TL scharfer Senf
weißer Pfeffer aus der Mühle
4 Wachteleier, etwas Öl zum Anbraten

Zubereitung:

Lunge und Herz in genügend kaltem Wasser etwa 1 Stunde wässern. Abgießen und mit kaltem Wasser bedeckt zum Kochen bringen. Die mit Nelken und Lorbeer gespickte Zwiebel, 2 Knoblauchzehen, Thymian, einen Schuß Weißweinessig, Pfefferkörner, Wacholderbeeren und eine Prise Salz dazugeben. Die Innereien in etwa 1½ Stunden bei schwacher Hitze weich kochen, mit dem Sud in eine Schüssel geben, eine zweite, mit Wasser gefüllte Schüssel zum Beschweren daraufstellen und im Kühlschrank auskühlen lassen.

Das Fleisch herausnehmen, pro Person eine kleine Scheibe Herz und Lunge beiseite legen, und den Rest in sehr feine Streifen schneiden. Den Sud passieren und auf etwa die Hälfte reduzieren.

Zwiebeln schälen, klein würfeln und in einem Topf mit Butter glasig dünsten, mit Riesling ablöschen, etwas einkochen lassen, und mit dem Koch- und Gewürzgurkensud auffüllen. Etwa 30 Minuten köcheln lassen. Sardellen, Kapern, Gewürzgurken und Knoblauch klein schneiden und am Schluß noch 5 Minuten mitköcheln lassen. Alles mit einem Stabmixer pürieren und durch ein Sieb passieren.

Das in Streifen geschnittene Fleisch mit der Soße aufkochen, den gezupften, fein geschnittenen Majoran und die Sahne hineinrühren. Zuletzt mit Senf, Salz und Pfeffer abschmecken.

Die Wachteleier mit einem Messer etwas einritzen, aufbrechen und in einer Butterpfanne langsam stocken lassen. Die Herz- und Lungenstückchen in etwas Öl scharf anbraten und mit Salz und Pfeffer würzen.

Das Beuscherl in tiefe Teller geben und mit einem Wachtelspiegelei und einem Stückchen Herz und Lunge garnieren.

Kartoffelkäs

Zutaten (für 6 – 8 Personen):
500 g mehligkochende Kartoffeln
Salz, einige Kümmelsamen
1 kleine Zwiebel
1 kl. Bund Schnittlauch
200 g Sauerrahm
Pfeffer aus der Mühle
1 gestr.TL Paprika edelsüß
1 Spritzer Zitronensaft

Zubereitung:

Die Kartoffeln in reichlich Wasser mit einer Prise Salz und Kümmel kochen, abschütten, schälen und durch die Kartoffelpresse drücken.

Die Zwiebel schälen und fein würfeln, den Schnittlauch in feine Röllchen schneiden und beides mit dem Sauerrahm in den Kartoffelbrei rühren.

Mit Salz, frisch gemahlenem Pfeffer, Paprikapulver und einem Spritzer Zitronensaft abschmecken.

Mein persönlicher Tip:

Eignet sich hervorragend für eine herzhafte Brotzeit. Am besten auf warmem oder getoastetem Bauernbrot.

Nehmen sie keine am Vortag gekochten Kartoffeln, es zahlt sich aus, frische zu verwenden.

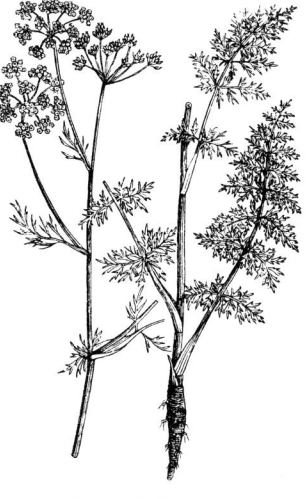
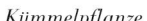

Kümmelpflanze

Marinierte Renke auf Apfel-Kartoffelsalat

Zutaten für Renke (für 6 Personen):
3 küchenfertige Renken
200 g Dill
1 TL Korianderkörner
3 Wacholderbeeren
Zitronenschale von ½ Zitrone
1 EL Keimöl
1 TL scharfer Senf
20 g Salz
20 g Zucker

Zutaten für Apfel-Kartoffelsalat:
1 Apfel
½ kleine Salatgurke
1 mittelgroße, gekochte Kartoffel
200 g Sauerrahm
1 TL scharfer Senf
Pfeffer aus der Mühle
Salz
Zucker
etwas Zitronensaft

Zubereitung:

Die Fische schuppen, filieren und mit einer kleinen Zange die Gräten entfernen. Den Dill klein-schneiden, Korianderkörner und Wacholder zerdrücken, Zitronenschale fein schneiden und alles zusammen mit Keimöl, Senf, Salz und Zucker mischen. In ein passendes Gefäß etwa die Hälfte der Kräutermasse verteilen.

Die Fischfilets mit der Hautseite nach unten auf die Kräuter legen und mit der restlichen Masse gleichmäßig bedecken. Mindestens 8 Stunden marinieren. Die Kräuter entfernen, in dünne, schrä-ge Stücke schneiden und mit Apfel-Gurkensalat servieren.

Für den Salat Apfel und Gurke schälen, das Kerngehäuse entfernen und mit der geschälten Kartof-fel in Scheiben schneiden. Den Sauerrahm mit Senf verrühren und mit den Apfel- und Gurken-scheiben mischen. Mit Salz, Pfeffer, Zucker und Zitronensaft abschmecken.

Mein persönlicher Tip:

Das Fleisch der Renke nimmt Gewürze sehr schnell auf. Sie sollten deshalb möglichst nicht länger als 12 Stunden marinieren. Werden die gebeizten Filets erst später verwendet, streicht man die Beize mit einem Messerrücken weg und bewahrt den Fisch in Folie auf.

Marinierte Renke auf Apfel-Kartoffelsalat

Maria Himmelfahrt

Rezepte
Bauernomelett
Gefüllte Backhendl mit Kräutersalat
Rahmschmarren mit Stachelbeeren

Mitten im Hochsommer ist das größte katholische Marien-
fest, das auch Maria Aufnahme, Maria Ruh, Maria Schlaf
oder Heimgang Maria genannt wird. Da Maria landläufig
auch als „Blume des Feldes" verehrt wird und natürlich
auch, weil die Heilkraft der wild wachsenden Kräuter um
diese Zeit am stärksten ist, findet an diesem Tag auch die
Kräuterweihe statt. Frauen und Kinder pflücken Sträuße
mit unterschiedlichen Kräutern, die dann während eines
feierlichen Gottesdienstes geweiht werden.

Bauernomelett

Zutaten (für 4 Personen):
400 g gekochte, geschälte Kartoffeln
300 g Kochschinken
Öl
Salz
1 Zweig Majoran
Pfeffer aus der Mühle
eine Prise Kümmel
1 Zwiebel in kleinen Würfeln
2 kleine, rote Paprikaschoten, in Würfeln
250 g Brokkoli, in kleinen Röschen
Butter
4 Eier
¼ l Milch

Zubereitung:

Kartoffeln und Schinken in Würfel schneiden und im heißen Fett goldbraun braten, mit etwas Salz, kleingeschnittenem Majoran und einer Prise Kümmel würzen. Zwiebeln und Paprika zufügen.

Den Brokkoli cirka 3 Minuten in Wasser vorkochen und zu den Schinkenkartoffeln geben, dann weitere 3 Minuten garen. Alles in eine gebutterte Auflaufform füllen. Die Eier mit Milch und etwas Salz verrühren und über das Gemüse geben.

Bei 180° C ca. 30 – 40 Minuten im vorgeheizten Backofen garen.

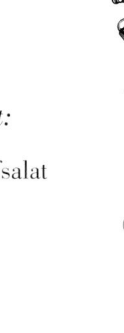

Gefüllte Backhendl mit Kräutersalat

Zutaten für gefüllte Backhendl:
4 Hendlbrüste
4 EL Pflanzenöl
1 Zwiebel
1 Knoblauchzehe
150 g frischen Spinat
Salz, Pfeffer aus der Mühle, Muskat
3 Stengel Petersilie
4 EL Mehl
2 Eier verquirlt
80 g Semmelbrösel
Backfett

Zutaten für Kräutersalat:
1 Gelbe Rübe
je ½ Kopf Eichblatt- und Kopfsalat
2 Stengel Petersilie
2 Stengel Kerbel
2 Stengel Basilikum
½ Bund Schnittlauch
1 EL Rotweinessig
1 EL Balsamicoessig
1 EL Estragonessig
2 EL Mineralwasser
1 TL Senf
Salz, Pfeffer und 1 Prise Zucker
5 EL Keimöl

Zubereitung:

Von den Hendlbrüsten die Haut entfernen. Diese in kleine Würfel schneiden, in 2 EL Öl kroß braten und beseite stellen. Zwiebel und Knoblauch schälen und fein würfeln. Den Spinat von den Stielen zupfen, waschen und in feine Streifen schneiden.

Zwiebeln und Knoblauch in 2 EL Öl andünsten, den Spinat hinzufügen und noch einige Minuten mitdünsten, bis die Flüssigkeit verdampft ist. Die kroß gebratene Hendlhaut hinzufügen und mit Salz, Pfeffer und Muskat würzen. Die gehackte Petersilie hinzufügen.

In das Brustfleisch eine Tasche schneiden, die Zwiebelfülle hineingeben und fest zudrücken. Mit Mehl, Ei und Semmelbröseln panieren, in heißem Öl knusprig braun braten und noch für 4 – 5 Minuten in den 170° C heißen Ofen schieben.

Die Gelbe Rübe schälen und raspeln, Salat putzen und waschen, Kräuter waschen und zupfen. Größere Basilikumblätter in Streifen schneiden, vom Schnittlauch einige Spitzen zum Garnieren aufbewahren.

Die Essige mit Wasser und dem Senf glattrühren, mit Salz, Pfeffer und einer Prise Zucker würzen und das Öl unterschlagen.

Späne der Gelben Rübe, Salat und Kräuter mischen und mit dem Dressing marinieren.

Auf Tellern anrichten, mit Schnittlauchspitzen garnieren und das tranchierte Backhendl anlegen.

Mein persönlicher Tip:

Man kann diesen Salat witzig verfeinern, indem man ihn mit fritierten, krossen Kräuterblättern bestreut – allerdings nur mit einem kleinen Teil der Kräuter, wegen der Vitamine.

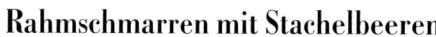

Rahmschmarren mit Stachelbeeren

Zutaten:
190 g Mehl
¼ l Sauerrahm
¼ l Creme fraîche
4 Eigelb
2 Eier
4 cl Rum
Abrieb von ½ Zitrone
Mark von ½ Vanilleschote
1 Prise Salz
4 Eiweiß
4 EL Zucker
200 g Stachelbeeren
100 g Butter

Zubereitung:

Das Mehl mit Sauerrahm und Creme fraîche glattrühren. Eigelb, Eier, Rum und die Gewürze dazurühren. Das Eiweiß mit 2 EL Zucker schaumig schlagen und unterheben. Von den Stachelbeeren Blüten und Stiele entfernen und in Scheiben schneiden.

In einer weiten Pfanne 20 g Butter zerlaufen lassen, die Hälfte der Masse einfüllen und von der Pfanne wegbraten. Mit Hilfe eines Tellers wenden, kurz wegbacken lassen und bei 180° C für etwa 8 – 10 Minuten in den vorgeheizten Backofen schieben mit zwei Backschaufeln in mundgerechte Stücke teilen und warm stellen. Den zweiten Schmarren ebenso bereiten.

Alles in eine große Pfanne geben, restliche Butter und Zucker dazugeben, leicht karamelisieren, die Stachelbeeren einschwenken und sofort servieren.

Mein persönlicher Tip:

Den Schmarren mit Rumsahne oder Rumeis servieren.

Ich gebe in die Schmarrenmasse nur wenig Zucker, um am Schluß, beim karamelisieren, noch genügend verwenden zu können, ohne daß das Gericht zu süß wird.

Erntedank

Rezepte
Rote Beete Maultaschen mit Nußbutter und Mohn
Herbstlicher Gemüseeintopf
Panierte Kalbshaxenscheiben mit Bratkartoffel-Steinpilzsalat

Das Erntemahl ist der Abschluß und zugleich der Höhepunkt der Erntezeit. Auf dem Lande ist es ein Fest von allerhöchster Bedeutung. Die monatelange, harte Arbeit, das ist schon ein großes Fest wert. Die Jugendlichen flechten die Erntekrone für die Kirche und Erntekränze, die über der Haustür aufgehängt werden.

Rahmschmarren mit Stachelbeeren (Rezept Seite 90)

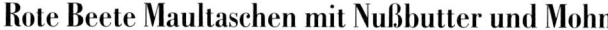

Rote Beete Maultaschen mit Nußbutter und Mohn

Zutaten:
2 Rote Beeten à 150 g
1 TL Kümmelsamen
1 TL Salz
1 Zweig Thymian

Zutaten für Maultaschenteig:
200 g Mehl
50 g Hartweizengries
3 Eigelb
1 ganzes Ei
1 Prise Salz
etwas Muskat
1-2 El Öl
Nußbutter und Mohn:
2 El Nußbutter
1-2 Tl Mohn
Salz, Pfeffer, Muskat

Zubereitung:

Die roten Beete gründlich abbürsten und waschen, mit Kümmel, Salz und Thymian in genügend Wasser weichkochen, schälen und in kleine Würfel schneiden.

Für den Maultaschenteig aus allen Zutaten einen geschmeidigen und festen Teig entweder mit dem Knethaken der Küchenmaschine oder mit der Hand herstellen, ca. ½ Stunde kaltstellen und ruhen lassen. Mit dem Nudelholz oder der Nudelmaschine den Teig ca. 1 mm dick ausrollen, dabei zwischendurch mit Mehl bestäuben. Mit etwas Wasser bestreichen und auf eine Hälfte des Teiges die gewürfelten Rote Beete, etwa 1 Teelöffel pro Maultasche, mit ca. 6 cm Abstand zwischen den einzelnen Häufchen auflegen. Die zweite Teighälfte faltenfrei darüber legen und die Zwischenräume andrücken.

Mit einer runden Form von ca. 8 cm Ø oder mit einem Wasserglas ausstechen und in leicht gesalzenem Wasser bißfest kochen. In einer Pfanne 1 – 2 EL Butter schmelzen. Die gut abgetropften Maultaschen mit dem Mohn dazugeben, heiß schwenken und mit Salz, Pfeffer und Muskat würzen.

Mein persönlicher Tip

Die Nußbutter kann man ganz einfach herstellen, indem man die Butter erhitzt, bis in dem entwickelten Schaum kleine braune Molkepartikelchen erscheinen. Jetzt gießt man die Butter durch ein Sieb, in das ein Blatt Küchenkrepp eingelegt wurde.

Herbstlicher Gemüseeintopf

Zutaten:
500 g Kartoffeln
200 g Wirsing
150 g Weißkraut
2 mittelgroße Gelbe Rüben
1 Stange Lauch
1 kleiner Knollensellerie
4 EL Öl
2 kleine Zwiebeln
100 g grüne Erbsen
1 Lorbeerblatt
1,5 l Geflügelbrühe
2 kleine Knoblauchzehen
3 Stengel Thymian
Salz, Pfeffer aus der Mühle, Muskat
½ Bund Petersilie

Zubereitung:

Die Kartoffeln schälen und in Würfel schneiden. Wirsing und Weißkraut in Rauten, Gelbe Rüben, Lauch und Knollensellerie in fingerlange, 1 cm breite Streifen schneiden. Öl in einem Topf erhitzen und die in Streifen geschnittenen Zwiebeln darin glasig dünsten. Gelbe Rüben, Erbsen, Sellerie und Kartoffeln hinzufügen und kurz mitschmoren.

Wirsing, Weißkraut, Lauch und Lorbeer in den Topf geben, mit der Brühe auffüllen und die Suppe einmal aufkochen. 10 – 15 Minuten bei kleiner Hitze köcheln lassen. Zerdrückten Knoblauch und Thymian zufügen und weitere 5 Minuten garen. Den Eintopf mit Salz, Pfeffer und Muskat abschmecken und in eine Suppenterrine füllen. Mit den feingeschnittenen Petersilienblättern garniert servieren.

Mein persönlicher Tip:

Für diesen vegetarischen Eintopf können Sie natürlich auch andere Gemüsesorten, ganz nach Geschmack und Saison, auswählen. Allerdings sollten Sie auf die Garzeiten achten: Der Eintopf schmeckt nur wirklich gut, wenn das Gemüse nicht verkocht ist.

Panierte Kalbshaxenscheiben mit Bratkartoffel-Steinpilzsalat

Zutaten für Haxenscheiben:
1 Kalbshaxe
2 Gewürznelken
1 Lorbeerblatt
1 Zwiebel
2 Zweige Thymian
1 Knoblauchzehe
300 g scharfer Senf
200 g doppelgriffiges Mehl
4 EL Öl
Salz, Pfeffer aus der Mühle

Zutaten für Salat:
½ kleine Zwiebel
300 g festkochende Kartoffeln
200 g Steinpilze
1 kleine Knoblauchzehe
3 EL Pflanzenöl
Salz, Pfeffer aus der Mühle
1 Prise Kümmelpulver
50 ml Haxenbrühe
4 EL Rotweinessig
2 EL Keimöl
½ Bund Schnittlauch

Zubereitung:

Die Kalbshaxe in einem Topf mit leichtgesalzenem Wasser bedecken, die Nelken und das Lorbeerblatt in die Zwiebel spicken, mit Thymian und Knoblauch zum Fleisch geben. Bei schwacher Hitze etwa 2 Stunden köcheln lassen, bis das Fleisch weich ist. In der Brühe abkühlen lassen, in 4 – 5 mm dicke Scheiben schneiden und mit Senf bestreichen. In doppelgriffigem Mehl wenden, in heißem Öl knusprig braun braten und auf Küchenkrepp abtropfen lassen.

Die Zwiebel schälen und in Streifen schneiden. Die Kartoffeln kochen, schälen und in Scheiben schneiden. Die Pilze putzen, kleine Pilze nur halbieren, große in Scheiben schneiden. Knoblauch schälen und fein schneiden.

Kartoffeln und Pilze im heißen Öl in einer Pfanne anbraten. Nach 3 – 4 Minuten die Zwiebeln und den Knoblauch zufügen und auf niederer Stufe langsam fertiggaren. Mit Salz, Pfeffer und Kümmel würzen. Brühe, Essig, Öl und geschnittenen Schnittlauch mischen und das Gebratene damit marinieren.

Die panierten Kalbshaxenscheiben mit dem Salat auf einem Teller anrichten

Mein persönlicher Tip:

Der Reiz dieses Rezepts liegt im Kontrast zwischen zartem Fleisch und der würzigen knusprigen Kruste. Deshalb ist es wichtig, doppelgriffiges Mehl zu verwenden, denn es weicht nicht so sehr auf, bildet nur eine dünne Schicht und wird bei Braten wirklich rösch.

Kirchweih

Rezepte
Wirsinggangerl mit Specklaiberl
Topfenpfannling mit Sauerkraut
Aprikosenbuchteln auf Rotweinsoße
Gebratene Gans mit Kürbis-Kartoffelknödeln und Blaukraut
Ausgezogene

97

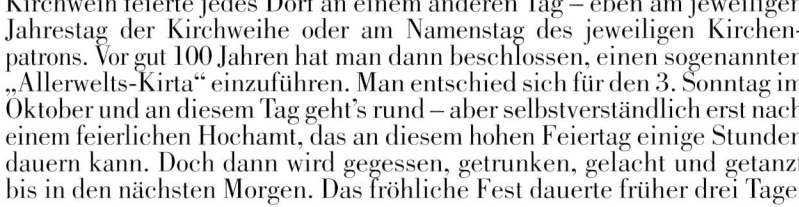

Kirchweih feierte jedes Dorf an einem anderen Tag – eben am jeweiligen Jahrestag der Kirchweihe oder am Namenstag des jeweiligen Kirchenpatrons. Vor gut 100 Jahren hat man dann beschlossen, einen sogenannten „Allerwelts-Kirta" einzuführen. Man entschied sich für den 3. Sonntag im Oktober und an diesem Tag geht's rund – aber selbstverständlich erst nach einem feierlichen Hochamt, das an diesem hohen Feiertag einige Stunden dauern kann. Doch dann wird gegessen, getrunken, gelacht und getanzt bis in den nächsten Morgen. Das fröhliche Fest dauerte früher drei Tage.

Panierte Kalbshaxenscheiben mit Bratkartoffel-Steinpilzsalat (Rezept Seite 96)

Wirsinggangerl mit Specklaiberl

Zutaten für Wirsinggangerl:
½ kleiner Wirsing (ca. 300 g)
1 Gemüsezwiebel
30 g Butter
0,1 l Weißwein
½ l Geflügelbrühe
150 ml Sahne
1 Prise gemahlener Kümmel
Salz, Pfeffer aus der Mühle
1 Prise Zucker
1 TL frisch geriebener Meerrettich

Zutaten für Specklaiberl:
250 g gekochte, geschälte Kartoffeln
2 EL flüssige Butter
1 Eigelb
Salz, Pfeffer aus der Mühle, Muskat
2 Zweige Thymian
1 gelbe Rübe
1 Zwiebel
250 g gut durchwachsener Räucherspeck in
dünnen Scheiben
2 EL Öl zum Braten

Zubereitung:

Von den Wirsingblättern den Strunk entfernen und ¼ davon in feine, ¾ davon in breitere Streifen schneiden. Beides in Salzwasser bißfest kochen und in Eiswasser abschrecken. Die Zwiebel schälen, in kleine Würfel schneiden, in Butter glasig dünsten, mit Weißwein ablöschen, kurz reduzieren lassen, mit Brühe auffüllen, einmal aufkochen lassen und die Sahne und den Kümmel hinzufügen. Mit Salz, Pfeffer und Zucker abschmecken.

Kurz vor dem Servieren die Suppe aufkochen, die breiten Streifen hinzufügen, erneut aufkochen und mit dem Stabmixer pürieren. Die feinen Streifen als Einlage hineingeben, ein weiteres mal erhitzen, den frisch geriebenen Meerrettich hinzufügen und mit den Specklaiberln in Suppentellern anrichten.

Diese werden wie folgt zubereitet: Die Kartoffeln ausgekühlt durch die Kartoffelpresse drücken, mit Butter und Eigelb mischen und mit Salz, Pfeffer und Muskat würzen. Den Thymian rebeln und klein schneiden. Gelbe Rübe und Zwiebel schälen und in kleine Würfel schneiden, nacheinander in Salzwasser bißfest kochen, abtropfen lassen und mit dem Kartoffelteig mischen. Aus dem Teig kleine Laiberl von etwa 25 – 30 g formen, mit den Speckscheiben umwickeln und in Öl knusprig braun braten.

Topfenpfannling mit Sauerkraut

Zutaten für Topfennudeln:
400 g trockener Topfen
100 g Sauerrahm
2 Eier
1 Eigelb
125 g Weißbrotwürfel
40 g braune Butter
100 g Almkäse, grob gerieben
30 g doppelgriffiges Mehl
1 Bund Schnittlauch
Salz, Pfeffer, Muskat
Öl zum Ausbacken

Zutaten für Sauerkraut:
80 g geräuchertes Wammerl in
größeren Stückchen
2 EL Öl, 2 kl. Zwiebeln, gewürfelt
750 g gewaschenes Sauerkraut
200 ml Weißwein
¾ l Gemüsebrühe
½ Zweig Majoran im Ganzen
1 Lorbeerblatt, 6 Pfefferkörner
2 Wacholderbeeren
150 g Apfelmus
Salz, Zucker

Zubereitung:

Topfen mit Sauerrahm vermischen, nach und nach Eier, Eigelb, Weißbrotwürfel, die flüssige, braune Butter, den geriebenen Käse und das doppelgriffige Mehl unterrühren. Zuletzt den fein-geschnittenen Schnittlauch dazugeben und mit Salz, Pfeffer und Muskat abschmecken.

½ Stunde ruhen lassen und kleine Pflanzl aus der Masse formen. Im heißen Öl auf beiden Seiten braun braten.

Den Speck in heißem Öl andünsten, die Hitze etwas reduzieren und die Zwiebeln darin glasig an-schwitzen. Das Sauerkraut hinzufügen, ohne Bräunung anschmoren, mit Weißwein ablöschen und mit der Brühe aufgießen. Die Gewürze zufügen. Im geschlossenen Topf ca. 20 Minuten schmoren lassen, dann das Apfelmus zufügen und weitere 20 Minuten garen. Eventuell mit Salz und Zucker nachwürzen.

Wacholder

Aprikosenbuchteln auf Rotweinsoße

Zutaten für Aprikosenbuchteln:	*Zutaten für Rotweinsoße:*
500 g Mehl, 40 g Hefe	⅛ l Rotwein
2 EL Zucker	⅛ l roter Traubensaft
0,1 l Milch	50 g Zucker
3 Eier	je 1 unbehandelte Zitronen-
1 Prise Salz	und Orangenschale
100 g Butter	1 Gewürznelke
200 g Aprikosenkonfitüre	½ Zimtstange
120 g Butter	1 TL Speisestärke
Puderzucker zum Bestäuben	3 EL roter Portwein

Zubereitung:

Mehl in eine Schüssel sieben und eine kleine Mulde in die Mitte drücken. Die Hefe hineinbröckeln, eine Prise Zucker hinzufügen und mit lauwarmer Milch und etwas Mehl zu einem zähflüssigen Teig verrühren. Mit Mehl bestäuben, mit einem Tuch zudecken und an einem warmen Ort etwa 20 Minuten gehen lassen, bis sich im Mehl Risse zeigen.

Die verquirlten Eier, den restlichen Zucker und Salz hineinkneten, zuletzt die weiche Butter hinzufügen und zu einem geschmeidigen Teig verarbeiten. In eine Schüssel geben, mit Folie zudecken und im Kühlschrank 2 – 3 Stunden langsam gehen lassen.

Den Teig noch einmal mit den Händen kurz durchkneten, in etwa eigroße Stücke teilen, flachdrücken, etwas Aprikosenkonfitüre hineinfüllen, den Teig darüber verschließen und zu Kugeln formen.

Flüssige, lauwarme Butter in eine feuerfeste Auflaufform oder Reine geben, die Teigkugeln darin wenden und dicht nebeneinander hineinlegen. Die Buchteln noch einmal 25 – 30 Minuten gehen lassen. Ohne Deckel in 30 – 35 Minuten bei 180° C im vorgeheizten Ofen goldbraun backen. Mit Puderzucker bestäubt servieren.

Für die Soße den Rotwein mit Traubensaft, Zucker und Gewürzen in einem Topf aufkochen. Speisestärke mit dem Portwein anrühren und der kochenden Flüssigkeit hinzufügen. Dann 3 – 4 Minuten köcheln lassen, durch ein Sieb gießen und kalt stellen.

Mein persönlicher Tip:

Die Aprikosenkonfitüre kann noch verfeinert werden, indem getrocknete Aprikosen, in kleine Stücke geschnitten und mit etwas Orangenlikör mariniert, hinzugefügt werden.

Aprikosenbuchteln auf Rotweinsoße

Gebratene Gans mit Kürbis-Kartoffelknödeln und Blaukraut

Zutaten für Gebratene Gans (4 – 6 Personen):
1 küchenfertige Gans (etwa 4 – 5 kg)
Salz, 1 Apfel, 2 Zwiebeln
Pfeffer aus der Mühle
1 TL gehackte Petersilie
1 Zweig Beifuß
1 TL gehackter Majoran
½ l Brühe
2 Scheiben Ingwerwurzel
1 EL Gänseschmalz

Zutaten für Kürbis-Kartoffelknödel:
Weißbrotwürfel von ½ entrindeten Semmel
40 g Butter
600 g abgezogene Pellkartoffeln vom Vortag (mehlige Sorte)
400 g rohe, geschälte Kartoffeln (mehlige Sorte)
3 Eigelb, 60 g Mehl, 60 g Grieß
200 g abgetropfte, eingelegte Kürbiswürfel
Salz, Pfeffer aus der Mühle, Muskat

Zutaten für Blaukraut:
1 kleiner Kopf Blaukraut
Salz, 50 g eingelegte Preiselbeeren
80 ml Rotweinessig
3 EL Öl, 1 Zwiebel, 2 EL Zucker
2 aromatische, säuerliche Äpfel
¼ l Geflügelbrühe, ¼ l Rotwein
½ Zimtstange, 3 Körner Nelkenpfeffer
1 Stück Orangenschale, Pfeffer

Zubereitung:

Die Gans innen und außen abspülen. Hals und Flügel abschneiden und beiseite legen. Die Gans außen salzen und über Nacht stehen lassen.

Apfel und Zwiebeln schälen, entkernen und kleinschneiden. Mit Salz, Pfeffer, Petersilie, Beifuß und Majoran mischen. Die Gans erneut waschen, trockentupfen, innen und außen salzen und pfeffern und mit der Apfel-Zwiebel-Gewürzmischung füllen. Die Gans in einen Bratentopf legen, 1 Liter Wasser, Brühe und die Ingwerscheiben zufügen und im auf 160° C vorgeheizten Backofen 2½ Stunden braten. Dabei hin und wieder mit dem Schmorsud begießen. Die Temperatur auf 220° C erhöhen, die Gans weitere 30 Minuten braten, damit die Haut braun und knusprig wird.

Für die Soße Hals und Flügel in Schmalz kräftig anbraten, mit dem Schmorsud von der Gans ablöschen und im offenen Topf bei großer Hitze bis auf ein Drittel einkochen lassen. Das Fett abschöpfen und aufheben. Die Soße durch ein Sieb gießen und mit Salz und Pfeffer abschmecken. Die gebratene Gans mit der Soße servieren.

Kürbis

Die Weißbrotwürfel in Butter goldbraun braten. Die gekochten Kartoffeln durch die Kartoffelpresse drücken. Die rohen Kartoffeln fein reiben und in einer Schüssel mit kaltem Wasser übergießen. Die Kartoffeln herausnehmen, kurz ausdrücken, damit ein Teil der Kartoffelstärke ausgewaschen wird. Die geriebenen Kartoffeln auf ein festes Küchentuch geben, fest einrollen und die Tuchenden so stark gegeneinander drehen, daß alle Flüssigkeit ausgepreßt wird. Das Kartoffelwasser kurz stehen lassen, damit sich die Kartoffelstärke absetzt. Die beiden Kartoffelmassen mit der Stärke, Eigelb, Mehl, Grieß und den Kürbiswürfeln mischen und mit Salz, Pfeffer und Muskat abschmecken. Golfballgroße Stücke abnehmen, flach auseinanderdrücken, einige Brotcroutons auf die Mitte geben, den Teig darüber zusammenschlagen und glatte, runde Knödel daraus formen. In genügend Salzwasser etwa 20 Minuten leise siedend garen.

Für das Blaukraut die äußeren Krautblätter entfernen, halbieren, in sehr feine Streifen schneiden oder hobeln. Mit Salz, Preiselbeeren und Rotweinessig marinieren. Das Öl in einem Topf erhitzen, die geschälten, klein gewürfelten Zwiebel glasig dünsten. Mit dem Zucker karamelisieren und das Blaukraut mit der Flüssigkeit zufügen. Kurz anschmoren, den geriebenen Apfel, Brühe, Rotwein und die Gewürze hinzufügen. 40 – 45 Minuten unter gelegentlichem Rühren langsam schmoren. Mit Salz und Pfeffer abschmecken und die Gewürze entfernen.

Mein persönlicher Tip:

Ingwer aktiviert die Fettverdauung, deshalb eignet er sich auch neben dem klassischen Gänsegewürz Beifuß hervorragend zu einer Gans.

Ausgezogene

Zutaten:
30 g Hefe
300 ml Milch
30 g Zucker
600 g Mehl
2 Eier
1 Prise Salz
90 g flüssige Butter
Butterschmalz zum Ausbacken
etwas Staubzucker

Zubereitung:

Die Hefe in etwas lauwarmer (ca. 30° C) Milch auflösen, etwas Zucker einstreuen und damit im Mehl in der Schüssel einen kleinen Vorteig machen. Nachdem das Dampferl etwas gegangen ist, die Eier, eine Prise Salz, den Rest der lauwarmen Milch sowie flüssige Butter zugeben. Den Teig mit einem Kochlöffel kräftig schlagen, bis er Blasen wirft. Zugedeckt noch mal ca. 30 – 60 Minuten gehen lassen.

Den Teig anschließend in 50 g schwere Stücke teilen und auf einem bemehlten Tuch gehen lassen. Die Teile dann an den Rändern ausziehen, so daß ein Ring mit einem dünnen Mittelteil entsteht. In ca. 160° C heißem Butterschmalz von beiden Seiten goldbraun ausbacken, kurz auf ein Gitter setzen, damit das überschüssige Schmalz abtropfen kann, mit Staubzucker bestreuen und servieren.

Mein persönlicher Tip:

Die Ausgezogenen werden meist zu Kaffee gereicht. Versuchen Sie einmal folgende Variante als Dessert: Einen Löffel voll Rumtopf in die helle Mulde und dazu ein erfrischendes Zitroneneis.

Leonhardi

Rezepte
Fasanenbrust auf Pfefferkraut mit Moosbeeren
Kürbis-Paprikasuppe
Eingemachtes helles Kalbfleisch mit Kastaniennudeln
Zwetschgenpavesen

Der heilige Leonhard ist der Fürsprecher für das Gedeihen im Stall, insbesondere im Pferdestall. Ihm zu Ehren ist es der Brauch, am Leonharditag zu einer Leonhardkapelle zu ziehen und dort den besonderen Segen des Heiligen zu erbitten.

Fasanenbrust auf Pfefferkraut mit Moosbeeren

Zutaten:
4 Fasanenbrüste
200 g Fasanenknochen
1 Gelbe Rübe, 2 Zwiebeln
2 TL weiße Pfefferkörner
2 EL Öl, 1 EL Weinbrand
2 Wacholderbeeren
300 ml Wildgeflügelbrühe oder Kalbsfond
200 ml Schlagsahne
Salz, Pfeffer aus der Mühle
300 g fertig gekochtes Sauerkraut
1 EL kaltgerührte Moosbeeren (s.S. 44)

Zubereitung:

Gelbe Rübe und Zwiebeln schälen und kleinschneiden. Pfefferkörner grob zerdrücken und in einem Eßlöffel Öl kurz anrösten.

Für die Soße die Fasanenknochen in heißem Öl von allen Seiten braun anbraten. Gemüse hinzufügen, glasig dünsten und mit Weinbrand ablöschen. Wacholderbeeren und den gerösteten Pfeffer unterrühren. Mit Brühe auffüllen und aufkochen. Sahne dazugießen und das Ganze im geschlossenen Topf bei kleiner Hitze 20 Minuten köcheln.

In einem Topf etwa 3 cm hoch Wasser erhitzen, einen Dämpfeinsatz oder ein Gitter einlegen. Die Fasanenbrüste salzen und pfeffern und im geschlossenen Topf 8 – 10 Minuten dämpfen. Die Soße auf einem feinen Sieb abgießen, eventuell mit Salz nachwürzen. Eine Hälfte davon zum Sauerkraut geben.

Die gegarten Fasanenbrüste in schräge Scheiben schneiden und mit der restlichen Soße, dem Pfefferkraut und einem Eßlöffel Moosbeeren (Rezept siehe Seite 44) anrichten.

Mein persönlicher Tip:

Fasan wird beim Braten sehr schnell trocken. Bei dieser Garmethode bleibt die Fasanenbrust jedoch herrlich zart und saftig.

Kürbis-Paprikasuppe

Zutaten:
400 g Kürbisfruchtfleisch
80 g Butter
3 EL Balsamessig
1 Prise Zucker
1 gehäufter TL Paprika edelsüß
¾ l Geflügelbrühe
100 ml Sahne
Salz, frischgemahlener Pfeffer
30 g Kürbiskerne

Zubereitung:

Das Kürbisfleisch in kleine Würfel schneiden. Butter in einem Topf zerlassen und die Kürbis- würfel darin dünsten. Mit Balsamessig ablöschen, mit Zucker bestreuen, das Paprikapulver hineinrühren und mit der Geflügelbrühe aufgießen. Zugedeckt bei schwacher Hitze 20 Minuten köcheln lassen. Mit dem Pürierstab oder im Mixer fein pürieren, die angeschlagene Sahne hin- einrühren und mit Salz und Pfeffer würzig abschmecken. Die Kürbiskerne in einer trockenen Pfanne anrösten und auf die Suppe streuen.

Mein persönlicher Tip:

Fragen Sie bei Ihrem Gemüsehändler nach Muskatkürbis. Dieser hat sehr schmackhaftes, festes, dunkeloranges Fleisch, das natürlich den Geschmack der Suppe erheblich verbessert.

Kürbis-Paprikasuppe

Eingemachtes helles Kalbfleisch mit Kastaniennudeln

Zutaten für Kalbsfleisch:
1 kg Kalbfleisch (Schulter)
1 kleine Zwiebel, 1 Knoblauchzehe
2 Stangen Staudensellerie
Salz, 3 EL Öl
0,4 l Geflügelbrühe
2 Thymianzweige
1 EL grüner Pfeffer (eingelegt)
200 ml Sahne
Zitronensaft

Zutaten für Kastaniennudeln:
50 g Weizenmehl
200 g Kastanienmehl
180 g doppelgriffiges Mehl
2 Eier
4 Eigelb
Öl
Salz
100 g durchwachsener Räucherspeck
frischgemahlener Pfeffer, Muskat

Zubereitung:

Das Fleisch von Haut und Sehnen befreien und in kleine Stücke schneiden. Zwiebel und Knoblauch schälen und fein schneiden. Die Fäden vom Sellerie ziehen und diesen schräg in dünne Scheiben schneiden.

Das Fleisch salzen und in heißem Öl anbräunen, aus der Pfanne nehmen und mit den Zwiebeln und dem Knoblauch im verbleibenden Bratsatz glasig dünsten. Die Brühe angießen, einmal aufkochen lassen und mixen.

Das Fleisch mit der Soße in einen Topf geben, den Thymianzweig und die Pfefferkörner zufügen und mit Deckel 50 Minuten schmoren lassen. Selleriescheiben in Salzwasser bißfest kochen und kurz vor Ende der Garzeit dem Schmorgericht beigeben. Die Sahne angießen und mit Salz und Zitronensaft abschmecken.

Für die Kastaniennudeln Mehl, Kastanienmehl, doppelgriffiges Mehl, Ei, Eigelb, 2 Eßlöffel Öl und Salz mischen. Zu einem glatten Teig verkneten. Es dauert mindestens 10 Minuten, bis er weich, elastisch und glänzend ist. Den Teig mit Frischhaltefolie zugedeckt etwa 1 Stunde ruhen lassen.

Den Teig mit der Nudelrolle oder in der Nudelmaschine cirka 1 mm dick ausrollen, dabei zwischendurch mit Mehl bestäuben. Die Teigplatte mit Mehl bestäuben und locker aufrollen. Die Rolle mit einem scharfen Messer in etwa 1 cm breite Streifen schneiden. Salzwasser mit einem Schuß Öl aufkochen. Nudelstreifen in das kochende Wasser geben und etwa 4 Minuten kochen.

Teigwaren auf einem Durchschlag abgießen. Den Speck in feine Würfel schneiden und in 1 Eßlöffel Öl knusprig braten. Die Nudeln darin schwenken und mit Salz, Pfeffer und Muskat würzen.

Mein persönlicher Tip:

Wird der Kastaniennudelteig zu trocken, fügen Sie noch einige Tropfen Wasser hinzu, bis er schön bindet und ein fester, aber geschmeidiger Teig entstanden ist. Kastanienmehl ist in Feinkostläden oder in Reformhäusern erhältlich.

Zwetschgenpavesen

Zutaten:
300 ml Powidl oder Zwetschgenmarmelade
3 EL Rum
1 Msp. Zimt
20 dünne Scheiben Stangenweißbrot
200 ml Milch
2 Eier
50 g Semmelbrösel
1-2 kg Butterschmalz

Zubereitung:

Powidl mit Rum und Zimt verrühren. Die Hälfte der Brotscheiben mit Powidl bestreichen, die andere Hälfte als Deckel auflegen. Die Milch mit den Eiern verquirlen, Weißbrotscheiben kurz damit tränken und in Semmelbrösel wenden. In Butterschmalz bei 170° C knusprig braun ausbacken.

Mein persönlicher Tip:

Möglichst kein zu frisches Weißbrot nehmen, besser eignet sich 1 – 2 Tage altes Brot, das sich gut schneiden und bestreichen läßt. Sie können die Schnitten bereits am Vortag füllen. Abgedeckt aufbewahren, damit sie nicht austrocknen, und bei Gebrauch fertigstellen wie oben.

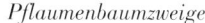

Pflaumenbaumzweige

Advent

Rezepte
Zimtsterne
Gebeizte Truthahnbrust auf Krautfleckerl
Schokoladenschnitten
Bratapfel mit Mandelsahne

Zimtsterne

Zutaten für Zimtsterne:
20 g Orangeat
1 EL Zitronat
200 g gemahlene Haselnüsse
50 g gemahlene Mandeln
2 Eiweiß
1 EL Zimt
130 g Puderzucker
Puderzucker zum Bearbeiten

Zutaten für Glasur:
2 Eiweiß
300 g Puderzucker
Butter, Mehl

Zubereitung:

Orangeat und Zitronat hacken und mit den Nüssen, Mandeln, Eiweiß, 1 Eßlöffel Zimt und den 130 g Puderzucker vermengen. Die Masse eine halbe Stunde stehen lassen, mit etwas Puderzucker 6 – 8 mm dick ausrollen und ausstechen.

Die 2 Eiweiß mit den verbliebenen 300 g Puderzucker verrühren, die Sterne damit glasieren, auf eingefettete, bemehlte Bleche legen und bei 150°C 10 – 15 Minuten backen.

Mein persönlicher Tip:

Bei den Zimtsternen können auch die kleinen Weihnachtsbäckereigehilfen beschäftigt werden, denn die Puderzuckerglasur verteilt man am besten mit dem Zeigefinger auf den Sternen. Mit ihren kleinen Händen können sie hier eine große Hilfe sein.

Gebeizte Truthahnbrust auf Krautfleckerl

Zutaten:
ca. 800 g Truthahnbrust, ausgelöst

Zutaten für Pökellake:
120 g Pökelsalz, 1 l Wasser
2 Wacholderbeeren
1 Nelke, 1 Lorbeerblatt
1 Thymianzweig
1 Knoblauchzehe
¼ l Weißwein
2 Korianderkörner
4-6 weiße Pfefferkörner
etwas Zucker

Suppengemüse:
1 Gelbe Rübe
1 Zwiebel
1 Stange Lauch
etwas Sellerie

Zutaten für Krautfleckerl:
1 kleiner Kopf Weißkraut
3 EL Öl
2 EL Butter
2 EL Honig
100 ml weißer, süßer Portwein
50 ml Orangensaft
1 Msp. Cayennepfeffer, Salz
150 ml Sahne
5 Stiele Petersilie

Zubereitung:

Die Truthahnbrust gut waschen und trocken tupfen. Alle Zutaten für die Pökellake in einem Topf aufkochen und wieder erkalten lassen, danach über die Truthahnbrust gießen und mindestens 3 Tage stehen lassen. Die Hälfte der Beize und ebensoviel Wasser in einem Topf mischen, Suppengemüse dazugeben, aufkochen lassen und vom Herd nehmen. Die gebeizte Truthahnbrust einlegen und ca. 30 Minuten garziehen lassen.

Von den Weißkrautblättern den Strunk entfernen und in Fleckerl schneiden. In einem flachen Topf Öl und Butter erhitzen, die Fleckerl darin langsam anbraten und mit dem Honig karamelisieren, bis sie schön glänzen. Den Portwein angießen und etwas reduzieren lassen. Den Orangensaft hinzufügen und ebenfalls einreduzieren. Mit Cayenne und Salz würzen, die Sahne hinzufügen und sämig einkochen lassen.

Die Petersilie waschen, zupfen und kleinschneiden. Die tranchierte Truthahnbrust mit den Krautfleckerl anrichten und mit Petersilie bestreuen.

Mein persönlicher Tip:

Lassen Sie die Truthahnbrust je nach Größe besser einen Tag länger in der Beize. Denn wenn die Pökellake nicht genug Zeit hat, bis in die Mitte einzuwirken, entsteht ein unansehlicher grauer Kern.

Schokoladenschnitten

Zutaten:
250 g Butter
200 g Zucker
4 Eier
1 Vanilleschote
1 Prise Salz
175 g Mehl
1 TL Backpulver
150 g geraspelte Schokolade
200 g geriebene Haselnüsse
200 g Kuvertüre
50 ml Sahne

Zubereitung:

Butter mit Zucker, Eiern, dem Mark der Vanilleschote und einer Prise Salz schaumig schlagen. Mehl und Backpulver sieben, mit Schokolade und Haselnüssen mischen und unter die Schaummasse rühren. Auf ein gefettetes, bemehltes Blech streichen und bei 175° C etwa 25 Minuten backen.

Die Kuvertüre auf dem Wasserbad auflösen, mit Sahne glattrühren, und auf das ausgekühlte Gebäck streichen.

Mein persönlicher Tip:

Lassen Sie sich von der festen Masse nicht verunsichern. Sie bäckt locker und entwickelt ein volles Schokoladenaroma.

Bratapfel mit Mandelsahne

Zutaten für Bratapfel:
Schale von ¼ Orange ohne das Weiße
40 g Marzipan
1 EL Rosinen, 2 EL Rum
1 EL Mandelsplitter
40 g feingehackte Mandeln
4 kleine aromatische Äpfel
30 g Butter in Flöckchen
⅛ l Apfelsaft
1 Msp. Nelkenpfeffer

Zutaten für Mandelsahne:
200 ml Schlagsahne
2 EL Mandelsirup
2 EL Amaretto
1 Tropfen Bittermandelöl

Zubereitung:

Die Orangenschale in feine Streifen schneiden und in Wasser einige Minuten kochen. Marzipan, Rosinen, Rum, Mandelsplitter, gehackte Mandeln, Nelkenpfeffer und Orangenzesten zu einer weichen Masse verarbeiten. Von den Äpfeln kleine Kappen mit Stiel abschneiden, die Äpfel aushöhlen und mit der Marzipanmasse füllen. In eine Reine setzen, die Kappen wieder auflegen, mit Butterflöckchen belegen, den Apfelsaft angießen und im vorgeheizten Backofen bei 175° C etwa 30 – 40 Minuten garen.

Die Sahne cremig anschlagen, Mandelsirup, Amaretto und Bittermandelöl verrühren und unter die Sahne ziehen.

Mein persönlicher Tip:

Wer einen kindergerechten Bratapfel machen möchte, kann den Rum durch Himbeersirup ersetzen.

Bratapfel mit Mandelsahne

Nikolaus

Rezepte
Schwarzwurzelsuppe mit geräuchertem Saibling
Rinderlende mit Wurzelgemüse gratiniert
Birnenstrudel mit Kakao-Orangeneis
Kletzenbrot

Schwarzwurzelsuppe mit geräuchertem Saibling

Zutaten:
1,2 kg Schwarzwurzeln (geschält ca. 400 g)
3 EL Öl
1 EL Butter
1 Zwiebel
0,2 l Weißwein
0,6 l Geflügelbrühe
1 kleine, mehligkochende Kartoffel
150 ml Sahne
Salz, Pfeffer aus der Mühle, Muskat
Saft einer ½ Zitrone
400 g Filet vom Saibling

Zubereitung:

Die Schwarzwurzeln unter fließendem Wasser bürsten, schälen, in kleine Stücke schneiden und sofort in Öl-Buttergemisch goldbraun anbraten. Die geschälte, feingewürfelte Zwiebel dazugeben und mitdünsten. Mit Weißwein ablöschen, auf die Hälfte reduzieren lassen, mit Geflügelbrühe aufgießen und aufkochen. Die geschälte, rohe Kartoffel fein hineinreiben und verkochen lassen.

Wenn das Gemüse weich ist, die Suppe pürieren, die Sahne hinzufügen und mit Salz, Pfeffer, Muskat und einem Spritzer Zitrone abschmecken. Saiblingsfilet mit Zitronensaft beträufeln, mit Salz und Pfeffer würzen und etwa 4 Minuten heiß räuchern. Die Haut abziehen, das gehäutete Filetfleisch in kleine Stücke teilen und mit der Suppe anrichten.

Mein persönlicher Tip:

Roh gebratene Schwarzwurzeln schmecken hervorragend. Versuchen Sie es mal als Gemüsebeilage zu einem Kalbsbraten.

Rinderlende mit Wurzelgemüse gratiniert

Zutaten:
4 Scheiben Rinderlende à 250 g
1 mittelgroße Zwiebel
2 gelbe Rüben
etwa 200 g Knollensellerie, geschält
5 EL Öl
2 EL Semmelbrösel
30 g Butter
Salz, Pfeffer aus der Mühle
4 Stengel Petersilie

Zubereitung:

Das Gemüse schälen und in kleine Würfel schneiden. Die Würfel von gelben Rüben und den Sellerie in 2 Eßlöffel Öl anschwitzen, die Zwiebelwürfel hinzufügen und alles glasig dünsten.

Die Semmelbrösel in der Butter hellbraun rösten und unter die Gemüsemasse rühren. Die Fleischscheiben etwas flachklopfen, mit Salz und Pfeffer würzen und im restlichen Öl auf beiden Seiten scharf anbraten. Auf ein Gitter mit Abtropfblech legen und für etwa 10 Minuten in den auf 120° C vorgeheizten Ofen schieben.

Die Gemüsemasse mit Salz und Pfeffer würzen, die gezupfte und frisch gehackte Petersilie untermischen und mit der gewürzten Masse die Fleischstücke bestreichen. Erneut in den Ofen schieben und unter dem Grill goldbraun gratinieren.

Sellerie

Birnenstrudel mit Kakao-Orangeneis

Zutaten: Birnenstrudel
1 Strudelteig (Rezept siehe Seite 95)
8 reife Birnen
40 g Zucker
150 ml Sauerrahm
5 EL geriebene Haselnüsse
1 Spritzer Zitronensaft
2 EL Rum
20 g Sultaninen
1 Msp. Zimt
80 g Butter zum Einpinseln
Puderzucker zum Bestäuben

Zutaten: Kakao-Orangeneis
50 g Orangeat
4 cl Orangenlikör
¾ l Milch
200 g Zucker
½ Vanilleschote (Mark)
75 g Kakaopulver
2 EL Öl
¼ l Sahne
7 Eier

Zubereitung:

Die Birnen schälen, Kernhaus entfernen und in Würfel schneiden. Mit allen anderen Zutaten mischen und kurz ziehen lassen. Den Strudelteig ausrollen, auf einem Tuch hauchdünn ausziehen und mit Butter bepinseln. Die Birnenfülle auf einer Längsseite des Teiges verteilen, diesen mit Hilfe des Tuches aufrollen und in eine gefettete Bratreine legen. Im vorgeheizten Backofen bei 170° C etwa 25 – 30 Minuten backen. Mit Puderzucker bestäuben.

Das Orangeat kleinhacken und mit dem Orangenlikör marinieren. Milch, Zucker und Vanilleschote aufkochen. Das Kakaopulver mit Öl, Sahne und den Eiern in einer runden Schlagschüssel glattrühren. Die aufgekochte Milch unter Rühren hineingießen und auf dem Wasserbad unter ständigem Rühren solange erhitzen (max. 65 ° C), bis die Soße schön dickflüssig ist. Durch ein Sieb gießen und das Orangeat hinzufügen.

Die Masse auskühlen lassen, in der Eismaschine ausfrieren und zum Birnenstrudel servieren.

Kletzenbrot

Zutaten:
200 g Kletzen (getrocknete Birnen)
160 g getrocknete Zwetschgen
50 g getrocknete Feigen
120 g getrocknete Aprikosen
120 g getrocknete Äpfel
120 g Rosinen, 6 cl Rum
50 g Orangeat, 30 g Zitronat
160 g geschälte Mandeln
1 TL Zimt
1 Msp. gemahlene Nelken
1 Prise Muskat, 50 g Walnüsse
140 g Zucker
800 g fertiger Brotteig vom Bäcker

Zubereitung:

Die Früchte in warmem Wasser über Nacht einweichen, von den Zwetschgen die Kerne, von den Birnen die Stiele entfernen. Von der Einweich-Flüssigkeit 10 Eßlöffel aufheben. Nun alles kleinschneiden. Den Rum untermischen.

Das Orangeat, Zitronat, Mandeln, Gewürze und Nüsse grob hacken und mit Zucker vermischen. Alles zusammen mit dem Brotteig gut verkneten und zu 2 Laiben formen. Etwa 1 Stunde gehen lassen und bei Mittelhitze (185 Grad) ca. 1 bis 1¼ Stunden backen, danach mit der Einweich-Flüssigkeit bestreichen und auskühlen lassen.

Mein persönlicher Tip:

Früher aß man das Kletzenbrot gerne mit Korianderbutter. Hierfür gibt man 2 Eßlöffel geschroteten Koriander, der in einer trockenen Pfanne leicht geröstet wurde, unter 100 g schaumig geschlagene Butter. Versuchen Sie es einmal!

Kletzenbrot

Weihnachten

Rezepte
Gewürzkuchen mit Zwetschgenröster
Gefüllter Truthahn
Freilandhendl aus dem Pfeffertopf
Überbackener Apfelmus mit Kruste

Gewürzkuchen mit Zwetschgenröster

Zutaten für Gewürzkuchen:
300 g Butter, 300 g Zucker
6 Eigelbe
je ½ TL Koriander, Piment,
Muskat und Zimt
6 Eiweiß
250 g gesiebtes Mehl
50 g geröstete und geriebene Haselnüsse
50 g geriebene Schokolade

Zutaten für Zwetschgenröster:
400 g Zwetschgen
1 TL Zimt (gestrichen)
6 El Zucker
1 Stamperl Zwetschgenbrand

Zubereitung:

Butter und 200 g Zucker schaumig schlagen, Eigelbe und Gewürze beigeben. Eiweiß und den restlichen Zucker zu steifem Schnee schlagen. Mehl und Haselnüsse vermischen und unter die obige Eigelbmasse ziehen sowie das geschlagene Eiweiß und die geriebene Schokolade unterheben. In gebutterte und bemehlte, kleine Formen füllen und bei 175° C ca. 20 – 25 Minuten langsam backen.

Zwetschgen waschen, entsteinen und mit dem Zimt-Zuckergemisch ½ Stunde Saft ziehen lassen. Die Früchte mit dem Saft und 2-3 Eßlöffel Wasser im geschlossenen Topf bei kleinster Hitze weichschmoren. Die Zwetschgen auf der abgeschalteten Herdplatte abkühlen lassen, den Zwetschgenbrand hinzufügen und mit dem Gewürzkuchen servieren.

Mein persönlicher Tip:

Für die Wintermonate kann Zwetschgenröster sehr gut eingeweckt werden. Dazu wird er wie oben vorbereitet, mit der austretenden Flüssigkeit und etwas Wasser in Schraubgläser oder Weckgläser verteilt und wie üblich konserviert.

Gefüllter Truthahn

Zutaten (für 8 Personen):
1 Truthahn, küchenfertig
300 g Weißbrot
280 ml Milch
5 Eier
1 großer Apfel
150 g Mais
80 g Hartweizengrieß
50 g Rosinen
Salz, Pfeffer aus der Mühle
frisch geriebener Muskat
Öl
2 Gelbe Rüben
2 Zwiebeln
¼ l Geflügelbrühe zum Garen

Zubereitung:

Das Weißbrot in Würfel schneiden und in eine Schüssel geben. Die heiße, aber nicht kochende Milch mit den Eiern verrühren und über die Weißbrotwürfel gießen. Zugedeckt 5 Minuten ausdampfen lassen. Den Apfel schälen, entkernen und in kleine Würfel schneiden. Mit Mais, Grieß und Rosinen zum Brotgemisch geben. Mit Salz, Pfeffer und Muskat abschmecken.

Den Truthahn innen und außen waschen, trocken, salzen und pfeffern. Die Fülle hineingeben und in eine geölte Reine legen.

Das Gemüse schälen, in kleine Stücke schneiden und um den Truthahn legen. Die Geflügelbrühe angießen und bei 160° C etwa 4 Stunden braten. Die Keulen können gegebenenfalls mit Alufolie abgedeckt werden.

Falls noch Fülle übrig ist, kann man kleine Serviettenknödel daraus drehen. Den Truthahn tranchieren, die Karkasse aufschneiden und die Fülle herausheben.

Das Truthahnfleisch mit der in Scheiben geschnittenen Fülle auf einer Platte anrichten und die Soße mit dem Gemüse dazu servieren.

Mein persönlicher Tip:

Je langsamer der Truthahn bei niedriger Temperatur gebraten wird, umso zarter und saftiger bleibt das Fleisch. Dabei sollte immer auf den Bratensatz geachtet und gegebenenfalls etwas Brühe nachgegossen werden.

Gefüllter Truthahn

Freilandhendl aus dem Pfeffertopf

Zutaten:
1 Freilandhendl
Salz, Pfeffer zum Würzen
1 Zweig Rosmarin
70 ml gutes Olivenöl
4 EL schwarzer Pfeffer
250 ml Weißwein

Zubereitung:

Das Freilandhendl von innen und außen würzen und einen Rosmarinzweig hineinlegen. Olivenöl, die schwarzen, zerstoßenen Pfefferkörner und den Weißwein in einen Bräter geben. Das Hendl hineinsetzen und ohne Deckel für etwa 1 – 1½ Stunden in den auf 165° C vorgeheizten Backofen schieben. Wenn das Hendl eine schöne Farbe bekommen hat, herausnehmen und tranchieren.

Die in dem Topf entstandene Soße passieren, nochmals erwärmen und zum Hendl reichen.

Mein persönlicher Tip:

Ein würziges, aromatisches Gericht, das nicht zu teuer ist und auch als Sonntagsbraten nicht zu viel Mühe bereitet.

Rosmarinzweig

Überbackener Apfelmus mit Kruste

Zutaten Apfelmus:
1 kg gute säuerliche Äpfel
200 g Zucker
etwas Zitronensaft
1 Bruchstück einer Zimtstange
oder 500 g fertiges Apfelmus

Zutaten Kruste:
4 Eigelb
180 g Zucker
75 g Mandelblätter
4 Eiweiß

Zubereitung:

Äpfel waschen, vierteln und entkernen, dann mit Zucker, etwas Zitronensaft, der Zimtrinde sowie 1 dl Wasser zu Apfelmus kochen.

4 Eigelb mit 60 g Zucker schaumig schlagen, die leicht gerösteten Mandelblätter leicht zerbrechen und unter die Eigelbmasse mischen. 4 Eiweiß mit 120 g Zucker zu Schnee schlagen und unter die obige Eigelbmasse mischen.

Das Apfelmus in eine Schüssel oder auf Teller geben, mit der aufgeschlagenen Masse bestreichen und unter dem Grill oder im Backofen überbacken, bis es schön braun ist.

Mein persönlicher Tip:

Ein sehr gegensätzliches Gericht, doch gerade das macht es so reizvoll. Oben die heiße, knusprige Decke, darunter das weiche, kühle Apfelmus. Ich würde dazu noch ein cremiges Nuß- oder Mandeleis reichen.

Silvester

Silvesterpunsch

Zutaten:
1 Fl. Rotwein
75 g Zucker
Saft einer Orange
Orangenschale
10 Rosinen
1 Zimtstange
2 Nelken
1 Vanillestange
¼ l kräftiger Schwarztee
10 cl Grand Marnier
2 cl Amaretto

Zubereitung:

Den Rotwein mit Zucker, Orangensaft, einem Stückchen Orangenschale, Rosinen, Zimt, Nelken und der aufgeschlitzten Vanillestange erhitzen, den Tee und den Alkohol hinzufügen und noch einige Minuten ziehen lassen.

Die Gewürze herausnehmen und sofort servieren.

Mein persönlicher Tip:

Sie können die Gewürze, den Zucker und die Rosinen bereits einige Stunden vorher mit dem Rotwein vermischen. Auch der Tee, Amaretto und Grand Marnier kann schon vorbereitet werden. Am Abend wird dann alles nur noch erhitzt, vermischt und serviert.

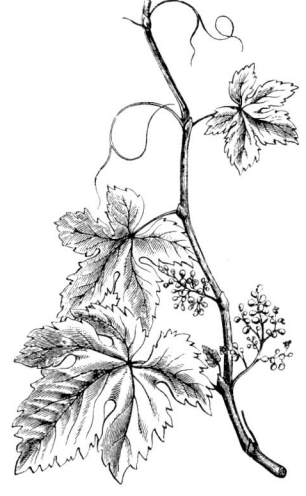

Weinrebenzweig

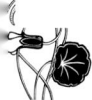

Kalbsbrätvögerl

Zutaten:
4 große Kalbsschnitzel à 140 g
½ Bund Spinat
50 g gekochter Schinken
½ altbackene Semmel
8 EL Öl, ½ Zwiebel
1 kleine Knoblauchzehe
100 g Kalbsbrät vom Metzger
50 ml Sahne
1 Zweig Thymian
2 Stengel Petersilie
Salz, Muskat
Pfeffer aus der Mühle
1 TL Tomatenmark
250 ml Geflügelbrühe

Zubereitung:

Die Schnitzel dünn klopfen. Den Spinat waschen und putzen, in Salzwasser blanchieren, in Eiswasser abschrecken, kräftig ausdrücken und kleinschneiden. Den Schinken in kleine Würfel schneiden. Die Semmel entrinden, in kleine Würfel schneiden und in 4 Eßlöffel Öl goldbraun rösten.

Zwiebel und Knoblauch schälen, in kleine Würfel schneiden und in 2 Eßlöffel Öl glasig dünsten.

Das kalte Kalbsbrät mit der eiskalten Sahne verrühren, Spinat, Schinken, ausgekühlte Brotcroutons, Zwiebeln und die gezupften, feingehackten Kräuter darunterrühren. Dann mit Salz, Pfeffer und etwas Muskat abschmecken.

Die Schnitzel mit dem Kalbsbrät bestreichen, aufrollen und mit Zahnstochern feststecken, damit die Kalbsvögerl beim Braten nicht aufgehen. In einer Pfanne mit dem restlichen Öl von allen Seiten leicht anbraten und aus der Pfanne nehmen.

Das Tomatenmark in dieser Pfanne kurz verrühren, mit der Geflügelbrühe ablöschen, auf die Hälfte reduzieren und die Kalbsvögerl zurücklegen. Pfanne mit einem Deckel schließen und bei geringer Hitze in ca. 20 – 30 Minuten fertig garen. Die Spieße entfernen, die Kalbsvögerl aufschneiden und mit dem Bratensaft servieren.

Mein persönlicher Tip:

In Österreich werden geschmorte Kalbswadenstücke als Kalbsvögerl bezeichnet. In grenznahen Gebieten kommt es daher häufig zu Verwechslungen – wobei beide Varianten sehr schmackhaft sind.

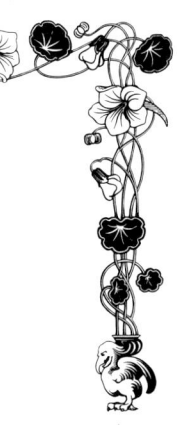

Weinschaum mit Nelkenpfeffer und Mandarinen

Zutaten:
4 Mandarinen
1 TL Zucker
1 Msp. Zimt
2 cl Mandarinen- oder Orangenlikör
6 Eigelb
80 g Zucker
¼ l Weißwein
Saft von einer ½ Zitrone
Mark von ½ Vanilleschote
1 Msp. Nelkenpfeffer
1 TL Honig

Zubereitung:

Die Mandarinen schälen, Filets herauslösen und mit Zimt, Zucker und Mandarinenlikör marinieren. Die restlichen Zutaten in einer runden Schlagschüssel auf einem Wasserbad kräftig aufschlagen. Dabei sollte die Schaummasse nicht heißer als 65°-70°C werden, da sonst das Eiweiß gerinnt. Die marinierten Mandarinen in Gläser verteilen und die warme Schaummasse darübergeben. Sofort servieren.

Mein persönlicher Tip:

Wer sich diese Arbeit am Silvesterabend nicht machen möchte, gibt 2 Blatt aufgelöste Gelatine dazu, schlägt die Masse wieder kalt, und zieht etwas geschlagene Sahne darunter. So kann die Masse auch schon am Vortag zubereitet und in Gläser gefüllt werden.

Weintrauben

Gebratener Zander auf Linsengemüse

Zutaten für Zander:
1 Zander (1 – 1,5 kg)
etwas Zitronensaft
5 Thymianzweige
Salz, Pfeffer aus der Mühle
Öl für die Pfanne
doppelgriffiges Mehl zum Wenden
20 g Butter

Zutaten für Linsengemüse:
200 g Tellerlinsen
1 kleine Zwiebel
2 Knoblauchzehen
4 EL Öl
1 EL Tomatenmark
¾ l Gemüsebrühe
Salz, Pfeffer aus der Mühle
2 Zweige Thymian
400 g Wurzelgemüse
(Gelbe Rüben, Petersilienwurzel)
1 Spritzer Balsamessig
1 Prise Zucker

Zubereitung:

Vom Zander die Flossen, Kiemen und Schuppen entfernen. Die Bauchhöhle mit Zitronensaft beträufeln, Thymian hineinlegen und innen und außen salzen und pfeffern.

Öl in einer entsprechenden Pfanne erhitzen. Den gewürzten Fisch in griffigem Mehl wenden und auf beiden Seiten anbraten. Bei 160° C für etwa 20 Minuten in den Ofen schieben. Die Butter hinzufügen und noch einige Male damit übergießen.

Die Linsen über Nacht in Wasser einweichen, abgießen und abtropfen lassen. Zwiebel und Knoblauch schälen, in kleine Würfel schneiden und in einem Topf in Öl glasig dünsten. Die Linsen zufügen, kurz mitdünsten, das Tomatenmark hineinrühren und mit ¾ der Gemüsebrühe auffüllen. Mit Salz und Pfeffer würzen, den Thymian einlegen und 20 Minuten unter gelegentlichem Rühren leise köcheln lassen.

Das geputzte und in mundgerechte Stücke zerteilte Wurzelgemüse und die restliche Gemüsebrühe hinzufügen und in weiteren 20 – 30 Minuten garen. Den Thymianzweig herausnehmen und mit einem Spritzer Balsamessig und einer Prise Zucker herzhaft abschmecken.

Den Zander auf dem Linsengemüse servieren.

Mein persönlicher Tip:

Säure blockiert den Garvorgang. Die Linsen sollen weich kochen und mit einer herzhaften, süß-sauren Soße umschlossen sein. Der Essig wird daher am Schluß beigefügt.

Gebratener Zander auf Linsengemüse

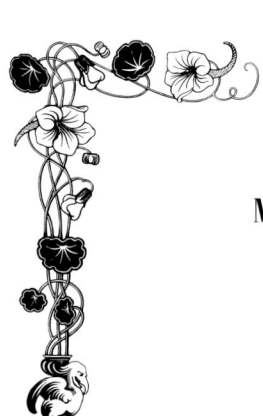

Marinierter Schweinehals mit Dressing von Rosinen, Kapern und Granatapfelkernen

Zutaten für Schweinehals:
1 kg Schweinehals
Salz, Pfeffer,
1 TL Kümmel
2 Zwiebeln
1 Gelbe Rübe
1 Knoblauchzehe
2 EL Öl
⅛ l Wasser

Zutaten für Marinade:
4 EL Bratensaft
2½ EL Olivenöl
5 EL Keimöl
3 EL guter Balsamico Essig
Salz, Pfeffer, Zucker
1 Granatapfel (Kerne)
1 EL Rosinen
1 EL Kapern

Zubereitung:

Den Schweinehals salzen, pfeffern und mit Kümmel bestreuen. Zwiebeln, Gelbe Rübe und Knoblauch schälen und klein schneiden. Das Fleisch im heißen Öl von allen Seiten rundherum anbräunen, das Gemüse hinzufügen, das Wasser angießen und bei 170° C im vorgeheizten Backofen 2½ Stunden garen. Dabei ab und zu mit dem Bratensaft begießen. Das Fleisch erkalten lassen und mit Hilfe einer Aufschnittmaschine in feine Scheiben schneiden.

Aus den Zutaten für die Marinade ein Dressing herstellen und gut mit Salz, Pfeffer und Zucker würzen.

Die Fleischscheiben auf einem Teller anrichten , mit der Marinade übergießen und ausgarnieren.

Mein persönlicher Tip:

Granatapfelkerne, das „Fruchtfleisch" des Granatapfels, der seine Reifezeit um Weihnachten hat, galten schon von jeher als Glücksbringer. Deshalb sind sie am Silvesterabend in der bunten Marinade für die Schweinsbratenscheiben – es eignet sich auch hervorragend Kalbsbraten dazu.

138

Pilzrezepte

Rezepte
Hirschkrusteln auf Waldchampignons mit Kräutern
Kartoffel-Schwammerlgröstl
Pilzgulasch
Pilzsülze mit Schnittlauchsoße
Pilzknödel auf Spinatgemüse
Gefüllte Pilzkappen im Kartoffelmantel mit Schnittlauchsoße
Panierte Pilze mit gemischtem Blattsalat und Raukedressing

Ein echter Pilzfreund kann es gar nicht erwarten, bis die Saison wieder beginnt. Ist es dann soweit, daß Feuchtigkeit und Wärme seine „behüteten" Lieblinge über Nacht wieder aus der Erde hervorschießen lassen, findet für ihn ein wahrer Festtag statt.

Hirschkrusteln auf Waldchampignons mit Kräutern

Zutaten für Hirschkrusteln:
300 g Wildbratenreste
½ Zwiebel
150 g Räucherspeck
40 g braune Butter
200 g gekochte, geschälte Kartoffeln
1 Eigelb
Salz, Pfeffer aus der Mühle, Muskat
100 g Mehl
3 Eier
150 g Semmelbrösel

Zutaten für Waldchampignons:
400 g Waldchampignons
½ kleine Zwiebel
1 EL Pflanzenöl
20 g Butter
Salz, Pfeffer aus der Mühle
50 ml Geflügelbrühe
50 ml Sahne
2 Stengel Petersilie
2 Stengel Kerbel
½ Bund Schnittlauch

Zubereitung:

Das Wildfleisch durch den Wolf drehen oder möglichst klein schneiden. Zwiebel schälen und mit dem Speck in Würfel schneiden. Den Speck in der braunen Butter auslassen. Die Zwiebel mitschwitzen und die Wildreste kurz durchschwenken.

Die heißen Kartoffeln durch die Presse drücken und Eigelb, Fleisch, Speck und Zwiebel hineinrühren. Mit Salz, Pfeffer und Muskat würzen. Mit einem Dressierbeutel mit Lochtülle in lange Stränge spritzen und in 2 cm lange Stücke schneiden. In Mehl, verquirlten Eiern und Brösel wenden und im Fettbad bei 180° C ausbacken.

Die Pilze putzen und in nicht zu dünne Scheiben schneiden. Die Zwiebel schälen und klein würfeln. Pilze in einer heißen Pfanne in Öl und Butter anbraten, die Zwiebelwürfel hinzufügen, salzen, pfeffern und mit der Geflügelbrühe ablöschen. Die Sahne angießen und zuletzt die kleingeschnittenen Kräuter hineinstreuen.

Mein persönlicher Tip:

Eine einfache Art, alle Bratenreste zu verwerten. Statt Krusteln kann man auch kleine Knödel formen. Falls die Masse zu weich wird, stellt man sie vor dem Panieren ins Gefrierfach, damit sie leicht anfriert.

Kartoffel-Schwammerlgröstl

Zutaten:
800 g gekochte Kartoffeln
150 g Speck
1 Zwiebel
etwas Öl zum Braten
Salz
schwarzer Pfeffer aus der Mühle
etwas gerebelter Majoran
400 g Steinpilze
200 g Pfifferlinge
2 EL frischgeschnittene Petersilienblätter

Zubereitung:

Die Kartoffeln schälen und in Scheiben schneiden. Räucherspeck mit geschälter Zwiebel klein würfeln. Die Kartoffelscheiben mit Speck und Zwiebeln goldbraun anbraten, mit Salz, Pfeffer und Majoran würzen.

Dann die geputzten, grob zerteilten Pilze in etwas Öl anbräunen, mit Salz und Pfeffer würzen und mit der Petersilie in die Kartoffelpfanne schwenken.

Tip: Falls etwas Bratensoße verfügbar ist, können damit sehr gut die Kartoffeln glasiert werden.

Pilzgulasch

Zutaten:
2 Zwiebeln
1 kleine Kartoffel
etwas Öl zum Braten
1/2 EL Tomatenmark
1 EL Paprikapulver, edelsüß
1/2 l Geflügelbrühe
1 EL Gulaschgewürz
Salz
frisch gemahlener Pfeffer
1 Prise Cayennepfeffer
500 g feste Pilze
1 EL frisch geschnittene Petersilie

Zubereitung:

Zwiebeln und Kartoffel schälen und in kleine Würfel schneiden. In einem Topf in etwas Öl glasig anschwitzen, Tomatenmark einrühren, mit Paprikapulver bestäuben und die Geflügelbrühe angießen. Mit Gulaschgewürz, Salz und Pfeffer würzen und 10 Minuten leise köcheln lassen.

Pilze putzen, größere Exemplare dabei in mundgerechte Stücke teilen. In etwas Öl scharf anbraten, salzen, pfeffern und zu den Kartoffeln geben. Einmal aufkochen und in einer vorgewärmten Suppenterrine mit frischer Petersilie bestreut servieren.

Pilzsülze mit Schnittlauchsoße

Zutaten

2,5 kg Kalbsfüße
3 1/2 l Wasser
1/2 Stange kleiner Lauch
80 g Knollensellerie
1 Möhre
1 Zwiebel
2 Knoblauchzehen in der Schale
1 geviertelte Tomate
1/2 TL ganzer Kümmel
1 Loorbeerblatt
1/2 TL schwarze Pfefferkörner

2 Wacholderbeeren
100 ml Weißweinessig
Salz, eine Prise Zucker
1 kg gemischte Pilze, z.B. Steinpilze, Pfifferlinge, Austernpilze, Champignons
2 EL Pflanzenöl
Pfeffer aus der Mühle
200 g Sauerrahm
50 g Sahne
ein Spritzer Zitronensaft
2 EL Schnittlauchstifteln
1 Prise Cayennepfeffer

Zubereitung:

Die Kalbsfüße kalt abspülen und in einem großen Topf mit 3 1/2 l Wasser zum Kochen bringen. Für etwa 12 Stunden bei kleinster Hitze kaum merklich köcheln lassen. Den dabei aufsteigenden Schaum mit einer Kelle abnehmen. Das Gemüse schälen, kleinschneiden und mit den Gewürzen und dem Essig eine halbe Stunde vor Garzeitende in den Sülzestand geben, den sich bildenden Schaum wieder abschöpfen. Die Brühe durch ein feines Sieb gießen und mit Salz und einer Prise Zucker würzen.

Die Pilze putzen, kleinschneiden und in einer Pfanne in etwas Öl portionsweise heiß und trocken anbraten, so daß die Pilze kein Wasser ziehen. Mit Salz und Pfeffer würzen und auf Küchenkrepp abtropfen lassen. Die Pilze in die Terrinenform oder eine Kastenkuchenform geben und mit ca. 1/2 l Sülzenstand auffüllen. Im Kühlschrank in etwa 4 Stunden fest werden lassen.

Für die Schnittlauchsoße Sauerrahm mit Sahne und Zitronensaft glattrühren. Den Schnittlauch hinzufügen und mit Salz, Pfeffer und einer Prise Cayennepfeffer abschmecken.

Mein persönlicher Tip:

Wer sich für den Sülzenstand nicht so viel Arbeit machen möchte, kann dafür 14 Blatt Gelatine auf einen Liter gute, klare Fleischsuppe nehmen.

Pilzknödel auf Spinatgemüse

Zutaten:
200 g entrindetes altbackenes Weißbrot
70 g Mehl
1 große Zwiebel
1 Knoblauchzehe
4 EL Pflanzenöl
370 g geputzte Pfifferlinge oder Steinpilze
70 g Butter
Salz, Pfeffer aus der Mühle
50 g durchwachsenen Speck
2 Eier
2 EL geschnittene Petersilie
frisch geriebene Muskatnuß
1 Prise Cayennepfeffer
750 g Spinat
1 Zwiebel
60 ml Sahne

Zubereitung:

Für die Knödel das Weißbrot in kleine Würfel schneiden und mit dem Mehl mischen. Zwiebel und Knoblauch schälen, klein schneiden und in einer Pfanne in 2 EL Öl glasig anschwitzen.

Die Pilze je nach Größe kleinschneiden, kleine Pfifferlinge eventuell ganz lassen. Die Butter in einer Pfanne aufschäumen, die Pilze darin anschwitzen, salzen und pfeffern. Den Speck in kleine Würfel schneiden, in 1 EL Öl kroß anbraten und auf einem Sieb abtropfen lassen.

Die angeschwitzten Pilze mit der Garflüssigkeit, dem Zwiebel-Knoblauchgemisch und den Speckwürfeln über die Weißbrotwürfel geben und kurz mischen. Die Eier mit der Petersilie dazugeben, mit Salz, Muskat und Cayenne würzen und zu einem glatten Knödelteig verarbeiten. Mit nassen Händen kleine Knödel daraus drehen und in leicht siedendem Salzwasser 10 bis 15 Minuten ziehen lassen.

Den Spinat putzen, gründlich waschen, in Salzwasser blanchieren, in Eiswasser abschrecken, auf einem Sieb abtropfen lassen und etwas ausdrücken. Die Zwiebel schälen, kleinwürfeln, in einer Pfanne in 1 EL Öl glasig anschwitzen und die Sahne hineinrühren. Die Spinatblätter hineinschwenken und mit Salz, Pfeffer und Muskat würzen.

Auf Teller verteilen und die Knödel darauf anrichten.

Gefüllte Pilzkappen im Kartoffelmantel mit Schnittlauchsoße

Zutaten für die Schnittlauchsoße
125 g Crème fraîche
125 g Sauerrahm
Salz
schwarzer Pfeffer aus der Mühle
etwas Zitronensaft
1 kl. Bund Schnittlauch

Zutaten für die Pilze
1 dünne Stange Lauch
200 g geräucherte Forellenfilets
1 Msp. geschroteter Koriander
20 g Butter
1 Spritzer Zitronensaft
Salz
schwarzer Pfeffer aus der Mühle
ca. 8 weite, gewölbte Pilzkappen,
z.B. vom Parasol
etwas Mehl zum Wenden
5 mittlere, rohe Kartoffeln
frisch geriebene Muskatnuß
1/2 Eiweiß
ca. 100 ml Öl zum Braten

Zubereitung:

Für die Schnittlauchsoße Crème fraîche mit Sauerrahm verrühren, mit Salz, Pfeffer und Zitronensaft würzen, zuletzt die Schnittlauchröllchen unterrühren.

Für die gefüllten Pilzkappen die Lauchstange längs halbieren, waschen und kleinschneiden. Die Forellenfilets enthäuten, entgräten und in 1 cm große Würfel schneiden. Lauch mit Koriander in Butter anschwitzen, die Fischwürfel hinzufügen, mit etwas Zitronensaft, Salz und Pfeffer würzen und sofort in die vorbereiteten Kappen füllen, so daß diese eben voll sind, und vorsichtig in Mehl wenden.

Die Kartoffeln schälen, in feine Streifen schneiden und kräftig ausdrücken. Mit etwas Salz und Muskat würzen und die Kappen damit umhüllen.

In einer Pfanne fingerhoch Öl erhitzen und die gefüllten Pilzkappen langsam auf beiden Seiten goldbraun braten.

Auf Küchenkrepp abtropfen lassen und mit Schnittlauchsoße servieren.

Panierte Pilze mit gemischtem Blattsalat und Raukedressing

Zutaten für den Salat
200 g gemischte Salatblätter
6 Radieschen
1 gelbe Rübe
4 Frühlingszwiebeln
1 Bund Rauke
2 EL Rotweinessig
Salz, frisch gemahlener Pfeffer
4 EL Öl
1 EL Nußöl

Zutaten für die Pilze
1 EL kleingeschnittene Petersilienblätter
100 g geriebenes Weißbrot
400 g geputzte Pilze
Salz, schwarzer Pfeffer aus der Mühle
50 g Mehl
2 Eier
Öl für die Pfanne

Zubereitung:

Die Salatblätter waschen und trockenschleudern. Radieschen, gelbe Rübe und Frühlingszwiebeln waschen, putzen, in dünne Scheiben schneiden und mit den Salatblättern in eine große Schüssel geben.

Für die Salatsoße die Rucolablätter waschen und mit Essig, Salz und Pfeffer im Mixer pürieren, das Öl dabei in einem dünnen Strahl hinein fließen lassen.

Für die Pilze die Petersilie mit Weißbrotbröseln mischen. Die Pilze grob zerteilen, kleine Exemplare ganz lassen, mit Salz und Pfeffer würzen, mit Mehl, Ei und Petersilienbröseln panieren und in heißem Öl ausbacken. Auf Küchenkrepp abtropfen lassen, den gemischten Salat mit der Raukesoße marinieren und zu den panierten Pilzen servieren.

Übersicht Rezepte

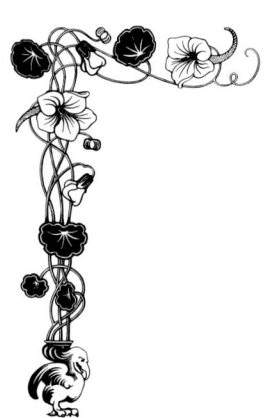
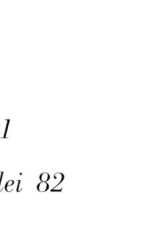
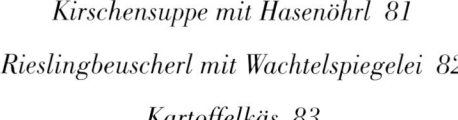

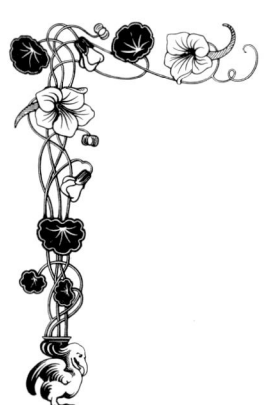

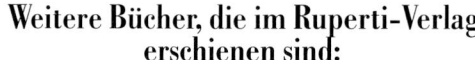

Weitere Bücher, die im Ruperti-Verlag
erschienen sind:

Des Boarische Gebetbüachl
zum Betn und Schmunzln
216 Seiten
ISBN 3-923333-00-5
10. Auflage

Des Boarische Bauernbüachl
's Leben vo früahra
240 Seiten
ISBN 3-923333-01-3
5. Auflage

Des Boarische Hoamatbüachl
224 Seiten
ISBN 3-923333-02-1
6. Auflage

Des Boarische Weihnachtsbüachl
224 Seiten
ISBN 3-923333-03-X
10. Auflage

Boarische G'schichtn
216 Seiten
ISBN 3-923333-07-2
4. Auflage

Dorfkindheit
192 Seiten
ISBN 3-923333-08-0
4. Auflage

Schwammerl
Anmut und Vielfalt der Pilzwelt
400 Seiten
ISBN 3-923333-04-8

Schwammerl
Handlicher Pilzberater
208 Seiten
ISBN 3-923333-05-6

Weisheit aus Kindermund
Aus der Tagebuchaufzeichnung
einer Mutter
240 Seiten
ISBN 3-923333-06-4

Des Boarische Festtagsbuach
Von Alfons Schuhbeck
224 Seiten
ISBN 3-923333-10-2
2. Auflage

Des Boarische Festtagsbuach
Von Alfons Schuhbeck,
Ledereinband
224 Seiten
ISBN 3-923333-11-0

Das Märchenbuch
Heiteres und Herzliches zum Vorlesen
gesammelt von
Barbara und Bernd Herzsprung
200 Seiten
ISBN 3-923333-12-9

Menüs à la Kaiserin Elisabeth
Kulinarisches und Lyrisches
Aufgekocht von
Uwe Bertus und Dieter Ulrich
Herausgegeben von
Tino Freiherr von Gleichenstein
184 Seiten
ISBN 3-923333-13-7

Verlagsadresse:
Ruperti-Verlag, Alpspitzstraße 22, 82319 Starnberg

Notizen

Notizen

Notizen

Notizen

Notizen